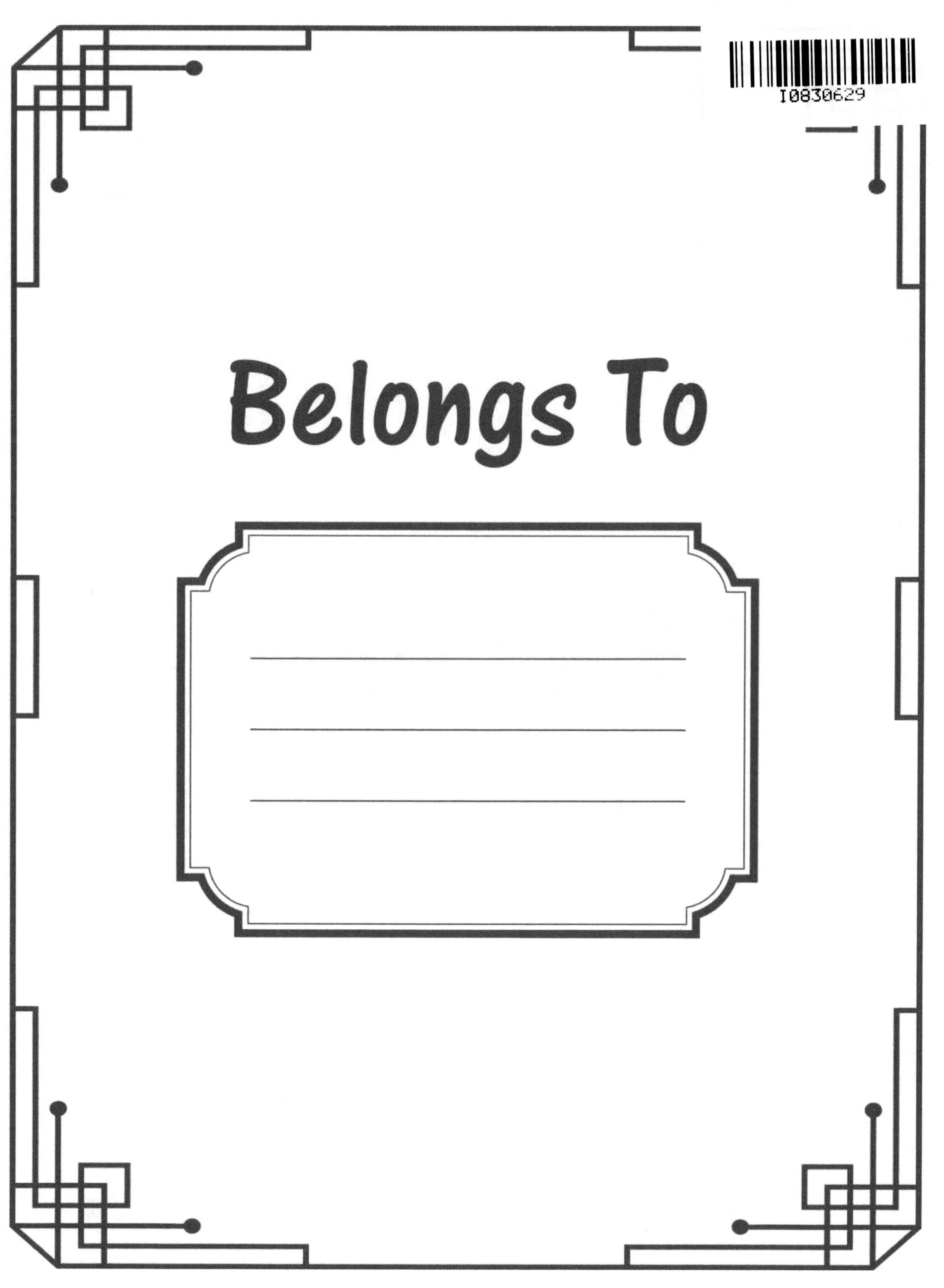
Belongs To

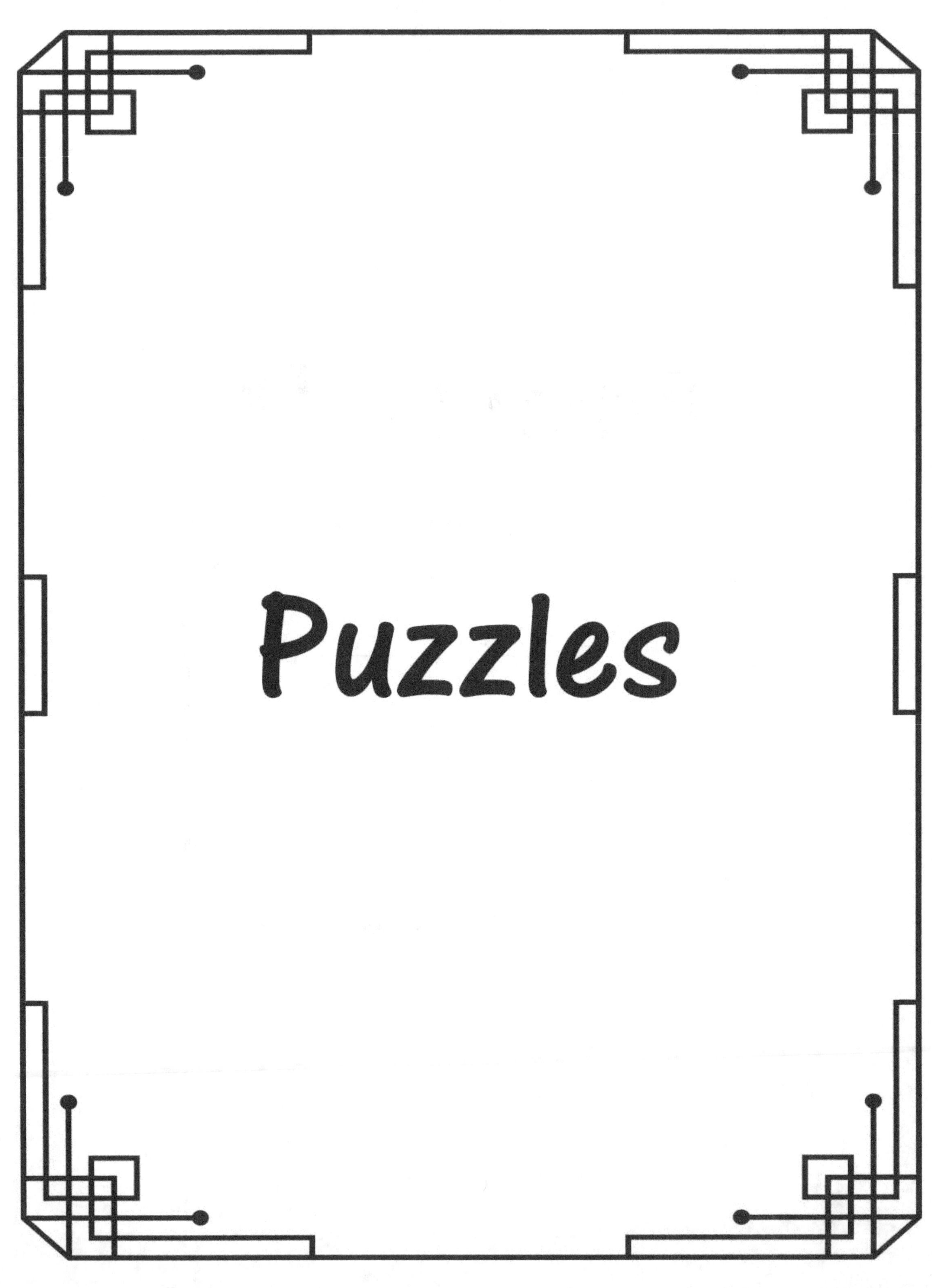

Puzzles

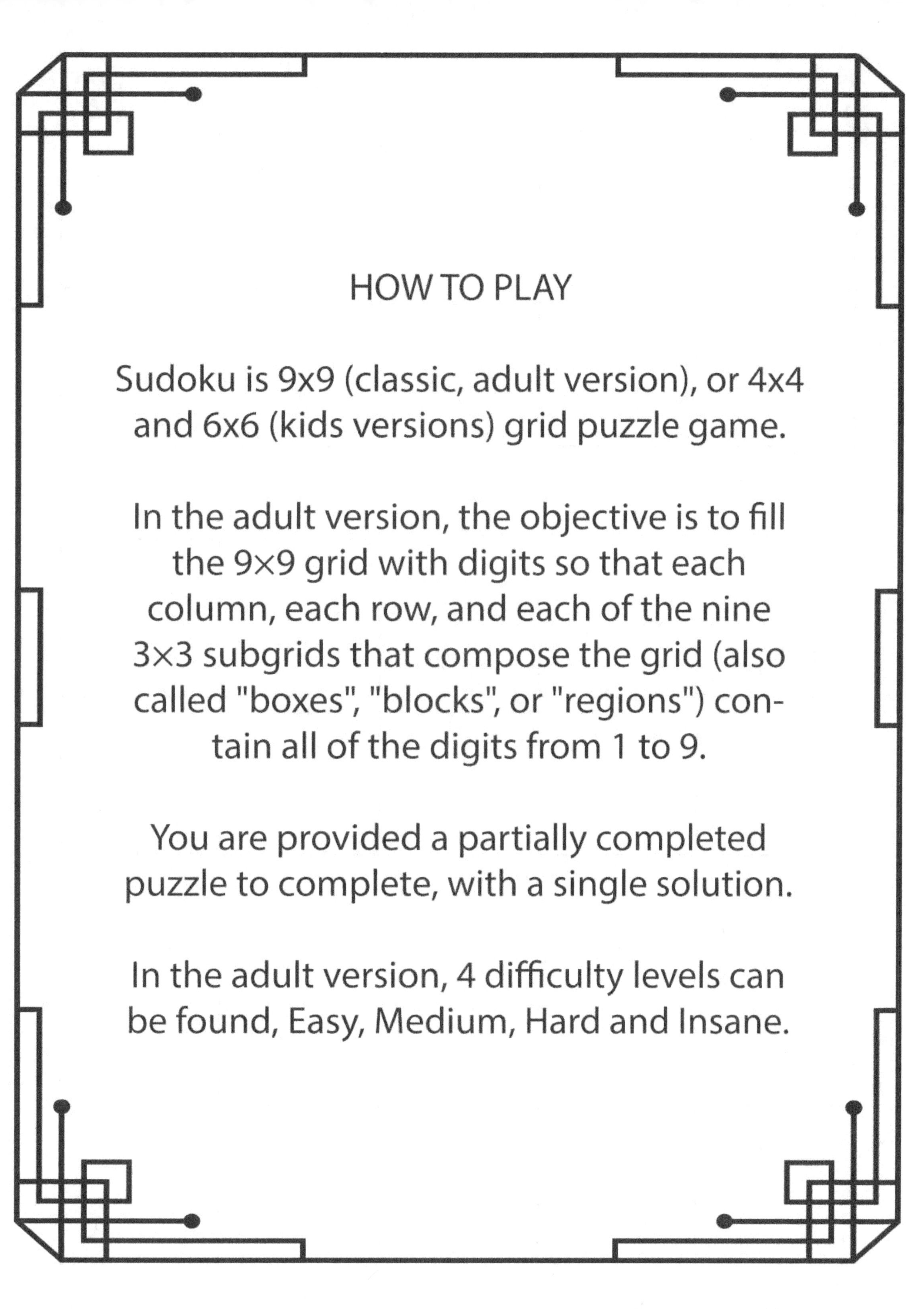

HOW TO PLAY

Sudoku is 9x9 (classic, adult version), or 4x4 and 6x6 (kids versions) grid puzzle game.

In the adult version, the objective is to fill the 9×9 grid with digits so that each column, each row, and each of the nine 3×3 subgrids that compose the grid (also called "boxes", "blocks", or "regions") contain all of the digits from 1 to 9.

You are provided a partially completed puzzle to complete, with a single solution.

In the adult version, 4 difficulty levels can be found, Easy, Medium, Hard and Insane.

Puzzle 1

		4	2
4	2	1	
	1		4
2	4	3	1

Puzzle 2

1	4	3	2
2		4	1
4		2	3
		1	

Puzzle 3

	2		3
1	3		
2	4	3	1
3		2	4

Puzzle 4

3		1	
1	2		3
2		3	4
4		2	1

Puzzle 5

4		1	2
1	2		3
	1	3	4
	4	2	

Puzzle 6

3	1	4	2
4			1
1		2	4
		1	3

Puzzle 7

4		3	2
3	2	4	1
2			3
	3	2	

Puzzle 8

	1	2	4
2	4	3	1
1	2		3
4		1	

Puzzle 9

	4	1	2
1	2		3
	3	2	1
2	1		4

Puzzle 10

3	1		2
4	2		3
	3	2	
	4	3	1

Puzzle 11

	2	1	4
1	4		
4	3	2	1
2	1	4	

Puzzle 12

		1	2
2	1		3
	3	2	1
1	2	3	

Puzzle 13

	2	4	
3	4	2	1
	1	3	2
2			4

Puzzle 14

4	1		
2	3	1	4
		2	1
	2	4	3

Puzzle 15

3	1	2	
		3	1
1	3	4	2
2	4	1	

Puzzle 16

	3	2	4
	2		3
2	4	3	1
3	1		2

Puzzle 17

	3	4	1
1		3	2
4	1		
3		1	4

Puzzle 18

4	1	2	
3	2	1	
2	3	4	1
1			

Puzzle 19

		3	
1	3	2	4
3		4	2
4	2	1	

Puzzle 20

2	4		
3	1	2	4
1	3	4	2
	2		1

Puzzle 21

4	1	2	3
		1	
	2	4	1
1	4	3	2

Puzzle 22

1	3	4	2
4	2		3
3		2	4
2	4		

Puzzle 23

3	4	2	
1	2	3	4
2			3
4			2

Puzzle 24

3	2	4	1
	4		2
4		2	3
		1	4

Puzzle 25

3	4	1	
1	2	4	3
2		3	
	3	2	1

Puzzle 26

1	4	3	
3	2	1	4
2			3
4		2	

Puzzle 27

	2		3
4	3		2
3		2	4
2	4	3	

Puzzle 28

4	3		1
2	1	3	4
	2	4	3
3			2

Puzzle 29

2	1		3
4	3		2
1		3	4
3		2	1

Puzzle 30

1		3	4
3	4	2	
2		4	3
4	3		

Puzzle 31

Puzzle 32

Puzzle 33

Puzzle 34

Puzzle 35

Puzzle 36

Puzzle 37

1			2
		4	1
4	1	2	3
	3	1	4

Puzzle 38

2	4	3	
1	3	4	2
3		2	
	2		3

Puzzle 39

1			2
	2	3	
3	1	2	4
2	4	1	3

Puzzle 40

1	2	4	3
3	4	2	
4			2
	3		4

Puzzle 41

	4	2	3
	2		4
4	1		2
2	3	4	1

Puzzle 42

3	1		4
4	2	1	3
	3	4	1
	4		2

Puzzle 43

3			2
	2	4	3
4	3	2	1
2	1		

Puzzle 44

		4	3
3	4		2
4	2	3	1
	3		4

Puzzle 45

		4	2
2		1	
1	2	3	4
4	3	2	1

Puzzle 46

4	3	2	1
2		3	4
3	4	1	
			3

Puzzle 47

1			4
4	3	1	2
	4	2	1
2			3

Puzzle 48

		3	2
3	2	4	
1	4	2	
2	3		4

Puzzle 49

4		1	3
1	3	4	2
	4	3	
3	1		4

Puzzle 50

	2	3	1
3	1	4	
	4	2	3
2		1	

Puzzle 51

2	4		
	1	4	2
	2	1	
1	3	2	4

Puzzle 52

	4	2	
1	2	3	
2	1	4	3
	3	1	

Puzzle 53

1	4	3	
3		1	4
2		4	
4	3		1

Puzzle 54

	3	2	1
1		3	4
2	1	4	3
3		1	

Puzzle 55

3	4	1	2
1	2	3	
2		4	
4	1		

Puzzle 56

3		4	2
		1	
1	2	3	4
	3	2	1

Puzzle 57

2	1	3	
3		1	
4	3	2	1
1	2	4	

Puzzle 58

2	3		
	4	2	3
4		3	1
3		4	2

Puzzle 59

	4	1	2
1	2		
2	1	3	4
4	3		

Puzzle 60

1		2	3
2	3		4
	1	3	2
3	2		

Puzzle 61

	3	1	4
1	4		3
	2	4	1
4	1		2

Puzzle 62

3	2	4	
4		2	3
2	3		
1	4		2

Puzzle 63

3	2	1	4
4			3
	3	4	2
2	4	3	

Puzzle 64

	1		3
4	3		
3		1	4
1	4	3	2

Puzzle 65

	3	4	
4	1	3	2
1			3
	2	1	4

Puzzle 66

2		3	1
3		4	2
4	2		3
1	3	2	

Puzzle 67

3	2	1	4
4	3	2	
2	1	4	3

Puzzle 68

1	2	3	4
	4	2	1
2	1	4	
4		1	

Puzzle 69

2	3	4	1
4	1		3
3			
1	2	3	

Puzzle 70

	1	3	
4			1
	4	1	2
1	2	4	3

Puzzle 71

4			
3	2	1	4
2	3	4	1
	4	2	

Puzzle 72

4	2	3	
3	1		2
2	4		
1	3		4

Puzzle 73

4	1		
2	3		1
1	4	2	3
3		1	

Puzzle 74

1	3	2	4
			3
3	1		2
	2	3	1

Puzzle 75

		3	4
3	4	1	2
4		2	
1	2	4	3

Puzzle 76

4	1		3
2	3	4	1
3			2
1		3	

Puzzle 77

	2		1
3	1	4	2
	3	2	4
2	4		3

Puzzle 78

	4	1	
1		4	3
2	1	3	4
	3		1

Puzzle 79

	2	3	4
3	4	1	2
2			
4	1	2	

Puzzle 80

1	4	2	3
		1	4
4	1		2
3	2		

Puzzle 81

3	2	4	1
4	1	2	3
			2
	3	1	

Puzzle 82

	4	2	3
3		4	1
	1	3	2
		1	4

Puzzle 83

			1
4		2	
3	2	1	4
1	4	3	2

Puzzle 84

1			
2	3		1
3		2	4
4	2	1	3

Puzzle 85

	4	3	2
2			
	1	2	3
3	2	4	1

Puzzle 86

2	4	1	
1	3	4	
	1		4
4	2	3	

Puzzle 87

2	1		4
3	4	2	
1	2	4	3
4			2

Puzzle 88

	3		1
4	1	3	2
1		2	3
3		1	

Puzzle 89

1	4	2	3
	2	4	
2		3	4
	3	1	2

Puzzle 90

		1	2
1	2	3	
	3	4	
4	1	2	3

Puzzle 91

		3	1
1	3	2	
	1	4	
4	2	1	3

Puzzle 92

	4	1	3
1	3		4
4	1		
3	2	4	1

Puzzle 93

4	2	1	3
1	3		
2			1
3		4	2

Puzzle 94

3	1		2
	2	3	
1	4	2	3
2	3		4

Puzzle 95

	3	2	1
2	1	4	
3			2
1	2	3	

Puzzle 96

	1	3	
	4	1	2
4	3	2	1
	2	4	

Puzzle 97

1	4	3	2
3	2	1	
		4	3
4		2	

Puzzle 98

1		3	4
4	3	1	2
			3
3	4		1

Puzzle 99

1	2		4
4		1	2
		2	1
2	1	4	

Puzzle 100

2		4	3
4	3	1	2
3		2	
1	2	3	

Puzzle 101

1	4	2	3
2	1	3	
4	3	1	2

Puzzle 102

	2	3	4
3	4	2	1
2	1	4	
	3	1	

Puzzle 103

	3	1	2
	1		
3	2	4	1
1		2	3

Puzzle 104

1	2	3	4
3	4	2	
		4	
4	3		2

Puzzle 105

4			1
1	2		4
2	4		3
3	1	4	2

Puzzle 106

3	4	1	2
	1	3	4
4		2	
1	2	4	

Puzzle 107

3		1	2
1	2	3	4
2			1
4	1		

Puzzle 108

4	2	1	3
3			
1	3		4
2	4	3	1

Puzzle 109

3	1		2
2		1	
4	3	2	1
1	2		

Puzzle 110

4	3	2	1
2			4
	4	1	2
1	2		3

Puzzle 111

1		2	4
2	4	1	3
	1		
4	2	3	

Puzzle 112

	3	4	2
2	4	1	
4	2		1
	1		4

Puzzle 113

		3	2
3			
2	3	4	1
4	1	2	3

Puzzle 114

	1	4	3
	4		1
1	2		4
4		1	2

Puzzle 115

1		4	2
4	2		
2	4		3
3	1		4

Puzzle 116

	3	1	4
1	4	3	2
4	1	2	3
3			

Puzzle 117

		4	
1	4	3	2
	1		4
4	2	1	3

Puzzle 118

2		4	1
1		2	
4	1		2
3		1	4

Puzzle 119

1	3		4
4	2	3	
2	1	4	3
		1	2

Puzzle 120

2	4	3	1
	1	2	4
	3	1	
1	2		3

		1	2
2	1	3	
1		4	3
3	4	2	1

2			3
	1	4	2
1	2	3	
4		2	1

1	3		4
		1	3
4		3	
3	2	4	1

2	4	1	
	3	4	2
	1		4
4		3	1

2		1	3
1		2	4
4		3	
3	2	4	1

4	1	2	3
	2		4
1		4	2
2		3	

Puzzle 127

1		2	4
	4		3
4	1	3	2
3		4	

Puzzle 128

1	2		3
4		1	
2	4	3	1
3	1		

Puzzle 129

	3		2
4	2	3	1
	4		3
	1	2	4

Puzzle 130

	1		3
3	2		1
1	4	3	2
		1	4

Puzzle 131

3	4	1	2
1	2	4	
2	1		4
	3		1

Puzzle 132

	4	1	2
1	2	3	4
2	1	4	
		2	

Puzzle 133

3	1	2	4
2			
		1	3
1	3	4	2

Puzzle 134

3	1	2	
	2	3	
2		1	3
1		4	2

Puzzle 135

		2	
2	3	1	4
3	2	4	
1	4	3	

Puzzle 136

	3		1
1		4	3
2		3	4
3		1	2

Puzzle 137

	3	2	1
2	1	4	
3	2	1	4
			2

Puzzle 138

	4		2
3	2	1	4
4	3	2	1
	1	4	

Puzzle 139

1		2	4
4		1	3
2	4	3	1
			2

Puzzle 140

	2	1	
	4	2	
2	3	4	1
4	1	3	

Puzzle 141

1		2	3
2	3		1
3		1	4
4		3	

Puzzle 142

3	1	4	2
4	2		
2	4		3
1	3		4

Puzzle 143

2	1	4	3
	3	2	
3		1	
1	4	3	

Puzzle 144

	2		4
1	4	2	
2	3	4	1
4			2

Puzzle 145

4	2		3
1	3	4	2
			1
3	1	2	4

Puzzle 146

2	3		4
4	1	3	2
1		2	
3	2		1

Puzzle 147

	2	1	3
3		4	2
	4	3	1
1			4

Puzzle 148

	3	1	2
2	1	4	3
	2	3	4
		2	1

Puzzle 149

	3	4	2
4	2	3	1
		2	
2		1	3

Puzzle 150

4		1	3
3			2
2	4		1
1	3	2	

Puzzle 151

3	2	1	
1	4	2	
2		4	1
4	1	3	

Puzzle 152

1	3	4	2
2			3
	1	2	4
4	2		

Puzzle 153

1		2	3
2		1	
	1	4	2
	2	3	1

Puzzle 154

3		1	
1	4	2	3
4			2
2	3	4	1

Puzzle 155

	2	4	1
4			3
2	3	1	4
1	4		2

Puzzle 156

3		4	1
4		2	3
2			
1	4	3	2

Puzzle 157

4	3	1	
2	1		4
1	2	4	3
	4		

Puzzle 158

2	3		4
1	4		3
	2	4	1
4			2

Puzzle 159

4		2	
3	2	1	4
2		3	1
1	3	4	

Puzzle 160

2	1	3	
		1	2
4	3		1
1	2	4	3

Puzzle 161

2		4	
4		1	2
3	4	2	
	2	3	4

Puzzle 162

1	4	2	3
2			
3	2	4	
4		3	2

Puzzle 163

	1	3	4
3	4		2
4	3	2	
1	2		3

Puzzle 164

	4	3	2
3		4	1
4		2	
2	3		4

Puzzle 165

		3	4
3	4	1	2
	1	4	
4	3		1

Puzzle 166

1	4	3	
	2	1	4
2		4	1
		2	3

Puzzle 167

3	1		
	4	1	3
		3	1
1	3	2	4

Puzzle 168

2	4	3	1
	3		2
4		2	
	2	1	4

Puzzle 169

1			
3	4	1	2
2	1	3	4
	3	2	

Puzzle 170

4		3	
1		4	2
2		1	3
3	1		4

Puzzle 171

	1	4	3
4		1	
3	4		
1	2	3	4

Puzzle 172

	2	3	4
	3	2	1
	1	4	
3	4	1	2

Puzzle 173

2	4	3	1
	1		2
4		1	3
1	3	2	

Puzzle 174

1		3	2
2	3		1
		1	3
3	1	2	4

Puzzle 175

	4	3	1
3		2	4
	2	1	
1	3		2

Puzzle 176

	2		4
	4	1	2
4	1		
2	3	4	1

Puzzle 177

1			2
4	2	1	3
		2	4
2	4		1

Puzzle 178

1	2	3	
	3	2	1
	1	4	3
	4		2

Puzzle 179

3			1
2	1		4
1	2	4	
4	3	1	

Puzzle 180

2	3	1	4
4		3	2
3	4	2	
		4	3

Puzzle 181

3		1	4
4	1	3	
		2	3
2	3	4	1

Puzzle 182

3	2	1	
1	4		2
4		2	3
	3	4	1

Puzzle 183

1			
3	4	1	2
4	1	2	3
2	3		

Puzzle 184

4		1	2
2	1	4	3
	2	3	4
		2	

Puzzle 185

	2	4	1
1		3	2
4			
2	3	1	4

Puzzle 186

4	3	2	1
2		4	3
			4
	4	3	2

Puzzle 187		Puzzle 188

Puzzle 187

3	1	4	2
	2	1	3
2	4	3	1
			4

Puzzle 188

3		1	
	1	2	
1	3	4	2
	4	3	1

Puzzle 189

4	3	2	
	1		4
	4	1	2
1		4	3

Puzzle 190

4		1	2
	2		
2	1	4	3
3	4	2	1

Puzzle 191

	2	3	
	1	2	4
1	3	4	2
2			3

Puzzle 192

1	4	3	2
		1	
	3	4	1
4	1	2	

Puzzle 193

2		1	3
1	3	4	2
		3	1
3			4

Puzzle 194

	1	4	3
4		2	1
3	4	1	2
	2		

Puzzle 195

2	3	1	4
			2
	2	4	1
1	4	2	

Puzzle 196

4			
3		4	2
	3	1	4
1	4	2	3

Puzzle 197

	3	4	2
2	4	3	
	1	2	4
	2	1	

Puzzle 198

4	3		1
1	2	3	
2		4	3
3	4		

Puzzle 199

	2		3
3	4	2	1
	1		4
4	3	1	2

Puzzle 200

4	2		1
1	3		4
		1	3
3	1	4	

Puzzle 201

2	4		3
1		4	2
4	2		
	1	2	4

Puzzle 202

2	1	3	4
	4	2	1
1			
4		1	2

Puzzle 203

	1		
3		1	2
4	3	2	1
1	2	4	3

Puzzle 204

2		4	
4	1	3	2
3	2	1	
		2	3

Puzzle 205

	2		3
1		4	
3		2	4
2	4	3	1

Puzzle 206

4		3	1
		4	2
3	1		4
2	4	1	3

Puzzle 207

2	1	3	4
4	3		2
	2	4	
	4	2	1

Puzzle 208

4	1	2	3
	3	1	
		4	1
1	4	3	2

Puzzle 209

	2	3	4
3		2	1
4	3	1	
	1	4	

Puzzle 210

4	1		3
3	2	4	
2	3		
	4	3	2

Puzzle 211

2		3	4
	3	1	
3	4		1
1	2		3

Puzzle 212

	3	4	
4	1	2	3
1			2
3		1	4

Puzzle 213

2	4		3
	3	4	2
4		3	1
3		2	

Puzzle 214

1	2	4	
	3		1
2	1		
3	4	1	2

Puzzle 215

	2	1	3
1		4	2
3	4		1
2	1		4

Puzzle 216

	2		4
3	4	1	2
4	3	2	
2			3

Puzzle 217

4	2		3
1	3		4
2	4	3	
3	1		2

Puzzle 218

3	4	2	1
2			3
1	3	4	2
	2		3

Puzzle 219

1	4	2	3
2	3	4	
3		1	
4			2

Puzzle 220

	2		3
1	3		2
		2	4
2	4	3	1

Puzzle 221

	2	1	
3	1	2	4
	3	4	
1	4	3	

Puzzle 222

4		3	2
3	2		
	4	1	3
1	3	2	

Puzzle 223

1	4	3	2
2	3	4	
4	1		
	2		4

Puzzle 224

1	3	4	2
2		3	
	1	2	
3	2		4

Puzzle 225

1			2
			4
3	2	4	1
4	1	2	3

Puzzle 226

	1	2	3
	3	4	1
1	2	3	4
	4		

Puzzle 227

	2	1	4
	1		
1	4	2	3
2	3		1

Puzzle 228

4			3
3	1		2
	3	2	4
2	4	3	1

Puzzle 229

3	4	1	
	1	3	4
4	3		1
	2	4	3

Puzzle 230

	2	4	
1	4	2	
4	3		2
2		3	4

Puzzle 231

4	2	1	
		4	
1	3	2	
2	4	3	1

Puzzle 232

4		2	
3	2	4	1
1	4	3	2
	3		4

Puzzle 233

4			2
			1
1	4	2	3
2	3	1	4

Puzzle 234

		3	2
3	2	4	1
		1	
4	1	2	3

Puzzle 235

2	4	1	3
3		2	4
1	3		2
		3	

Puzzle 236

4	2		3
	3	4	2
2			1
3	1	2	

Puzzle 237

4	1		3
2		4	1
3	2	1	
1			2

Puzzle 238

3	4		
1	2	3	4
	1	4	3
4	3	1	

Puzzle 239

3	4	2	1
1		3	4
4		1	2
		4	3

Puzzle 240

	2	4	1
	1	2	3
2		1	4
	4	3	2

Puzzle 241

	4		1
		2	4
1	2	4	3
	3	1	2

Puzzle 242

4	3	1	
	1	4	3
3		2	
1	2		4

Puzzle 243

4		1	3
1	3		4
3		4	2
		3	1

Puzzle 244

			3
3	1	2	4
1	3		2
4	2		1

Puzzle 245

		4	2
4	2	1	
1	3	2	
2		3	1

Puzzle 246

1			4
2	4	3	1
3	1		
4	2		3

Puzzle 247

4	2	3	1
	1	2	4
		1	3
	3		2

Puzzle 248

1		4	3
3	4	1	2
			1
2		3	4

Puzzle 249

1	2	4	3
4	3	2	
2	1	3	
	4		

Puzzle 250

		1	3
3		2	4
4	2	3	
	3	4	2

Puzzle 251

4			2
1			3
2	1	3	4
3	4	2	1

Puzzle 252

2	1	3	
		1	2
1		2	3
	2	4	1

Puzzle 253

1	4		3
2		4	1
	1		
3	2	1	4

Puzzle 254

2	4		1
3	1		4
4	2	1	
	3	4	2

Puzzle 255

4	2	3	1
3			2
2	4		3
1	3		

Puzzle 256

2	1	4	3
3	4	1	2
1	2		4

Puzzle 257

2	4		
1	3		2
	1	2	4
4	2	1	3

Puzzle 258

1	4		
2	3	1	4
4			
3	1	4	2

Puzzle 259

	1	3	2
3	2	1	4
1			3
	3	4	

Puzzle 260

	1		2
2	4	1	3
	3	2	1
1	2		

Puzzle 261

4	2		1
3	1	2	4
		1	3
1	3		

Puzzle 262

4	1		3
	2		1
1	4	3	2
2		1	4

Puzzle 263

	3	1	4
			2
1		4	3
3	4	2	1

Puzzle 264

3	2		1
4		2	3
1		3	2
2	3	1	

Puzzle 265

1	2		3
3	4		2
4			1
	1	3	4

Puzzle 266

3	1		2
4	2		
2	4	1	
1		2	4

Puzzle 267

3	4	2	1
2		3	4
		4	2
		1	3

Puzzle 268

2	3		1
4			2
1	4		3
3	2		4

Puzzle 269

4	1		
	2	1	4
1	4	2	
2	3	4	1

Puzzle 270

	1	2	3
3	2	4	
2	3	1	
	4	3	

Puzzle 271

4	3	2	1
2	1		4
	4		2
	2	4	

Puzzle 272

		2	3
3	2	1	4
2		4	1
	4	3	

Puzzle 273

1	3	2	
		3	1
3		4	
4	2	1	3

Puzzle 274

1	3		4
4	2	1	3
	4	3	1
	1		2

Puzzle 275

4	1	2	
3	2		1
	3	1	4
	4	3	2

Puzzle 276

2			
4	3	1	
1	2	3	4
3		2	1

Puzzle 277

3	4		2
2	1		3
4	2	3	
1			4

Puzzle 278

4	3	1	
2	1	3	
1	2		
3	4		1

Puzzle 279

1	4		3
2	3		1
3		1	4
	1	3	2

Puzzle 280

2		3	
3	4		1
4		1	3
1	3	4	2

Puzzle 281

3	4	2	1
2	1		
4		1	2
	2		4

Puzzle 282

			3
3	1		2
	2	3	4
4	3	2	1

Puzzle 283

	2	3	
1	3	2	
	1	4	2
	4	1	3

Puzzle 284

1	4	2	3
3		4	
	3	1	2
2	1		

Puzzle 285

2	1	3	
		2	
1	3	4	2
4	2	1	

Puzzle 286

3		4	1
1	4	3	
4	1	2	
		3	1

Puzzle 287

	3		
2	1	4	3
3	4	1	2
1			4

Puzzle 288

2	1	3	4
4	3		
	4	2	
	2	4	1

Puzzle 289

3	1		2
2			1
1	3	2	4
	2	1	3

Puzzle 290

2	4		
3		4	
4		1	3
1	3	2	4

Puzzle 291

1		3	4
3	4		1
4	3	1	
2		4	

Puzzle 292

	1	4	3
	4	2	1
4	3	1	
		3	4

Puzzle 293

2	3	1	4
	2	4	1
4	1	3	2

Puzzle 294

	3	1	2
	1	4	3
	4	2	
1	2	3	4

Puzzle 295

2	4	3	
	1	4	
4	2	1	3
1	3		

Puzzle 296

2		4	
4	1	3	2
3			4
1	4	2	

Puzzle 297

3	1	4	2
2	4	1	
		3	
1	3	2	4

Puzzle 298

2	1		
3		1	2
4		2	1
1	2		3

Puzzle 299

		3	2
3			4
1	4	2	3
	3	4	1

Puzzle 300

	3	2	
4	2	3	1
	1	4	3
	4	1	

Puzzle 1

1	3	4	2
4	2	1	3
3	1	2	4
2	4	3	1

Puzzle 2

1	4	3	2
2	3	4	1
4	1	2	3
3	2	1	4

Puzzle 3

4	2	1	3
1	3	4	2
2	4	3	1
3	1	2	4

Puzzle 4

3	4	1	2
1	2	4	3
2	1	3	4
4	3	2	1

Puzzle 5

4	3	1	2
1	2	4	3
2	1	3	4
3	4	2	1

Puzzle 6

3	1	4	2
4	2	3	1
1	3	2	4
2	4	1	3

Puzzle 7

4	1	3	2
3	2	4	1
2	4	1	3
1	3	2	4

Puzzle 8

3	1	2	4
2	4	3	1
1	2	4	3
4	3	1	2

Puzzle 9

3	4	1	2
1	2	4	3
4	3	2	1
2	1	3	4

Puzzle 10

3	1	4	2
4	2	1	3
1	3	2	4
2	4	3	1

Puzzle 11

3	2	1	4
1	4	3	2
4	3	2	1
2	1	4	3

Puzzle 12

3	4	1	2
2	1	4	3
4	3	2	1
1	2	3	4

Puzzle 13

1	2	4	3
3	4	2	1
4	1	3	2
2	3	1	4

Puzzle 14

4	1	3	2
2	3	1	4
3	4	2	1
1	2	4	3

Puzzle 15

3	1	2	4
4	2	3	1
1	3	4	2
2	4	1	3

Puzzle 16

1	3	2	4
4	2	1	3
2	4	3	1
3	1	4	2

Puzzle 17

2	3	4	1
1	4	3	2
4	1	2	3
3	2	1	4

Puzzle 18

4	1	2	3
3	2	1	4
2	3	4	1
1	4	3	2

Puzzle 19

2	4	3	1
1	3	2	4
3	1	4	2
4	2	1	3

Puzzle 20

2	4	1	3
3	1	2	4
1	3	4	2
4	2	3	1

Puzzle 21

4	1	2	3
2	3	1	4
3	2	4	1
1	4	3	2

Puzzle 22

1	3	4	2
4	2	1	3
3	1	2	4
2	4	3	1

Puzzle 23

3	4	2	1
1	2	3	4
2	1	4	3
4	3	1	2

Puzzle 24

3	2	4	1
1	4	3	2
4	1	2	3
2	3	1	4

Puzzle 25

3	4	1	2
1	2	4	3
2	1	3	4
4	3	2	1

Puzzle 26

1	4	3	2
3	2	1	4
2	1	4	3
4	3	2	1

Puzzle 27

1	2	4	3
4	3	1	2
3	1	2	4
2	4	3	1

Puzzle 28

4	3	2	1
2	1	3	4
1	2	4	3
3	4	1	2

Puzzle 29

2	1	4	3
4	3	1	2
1	2	3	4
3	4	2	1

Puzzle 30

1	2	3	4
3	4	2	1
2	1	4	3
4	3	1	2

Puzzle 31

3	4	1	2
2	1	3	4
4	3	2	1
1	2	4	3

Puzzle 32

3	1	2	4
4	2	3	1
1	3	4	2
2	4	1	3

Puzzle 33

1	4	2	3
3	2	1	4
4	1	3	2
2	3	4	1

Puzzle 34

2	3	1	4
4	1	3	2
1	2	4	3
3	4	2	1

Puzzle 35

4	2	1	3
1	3	2	4
2	4	3	1
3	1	4	2

Puzzle 36

2	4	1	3
3	1	2	4
1	3	4	2
4	2	3	1

Puzzle 37

1	4	3	2
3	2	4	1
4	1	2	3
2	3	1	4

Puzzle 38

2	4	3	1
1	3	4	2
3	1	2	4
4	2	1	3

Puzzle 39

1	3	4	2
4	2	3	1
3	1	2	4
2	4	1	3

Puzzle 40

1	2	4	3
3	4	2	1
4	1	3	2
2	3	1	4

Puzzle 41

1	4	2	3
3	2	1	4
4	1	3	2
2	3	4	1

Puzzle 42

3	1	2	4
4	2	1	3
2	3	4	1
1	4	3	2

Puzzle 43

3	4	1	2
1	2	4	3
4	3	2	1
2	1	3	4

Puzzle 44

2	1	4	3
3	4	1	2
4	2	3	1
1	3	2	4

Puzzle 45

3	1	4	2
2	4	1	3
1	2	3	4
4	3	2	1

Puzzle 46

4	3	2	1
2	1	3	4
3	4	1	2
1	2	4	3

Puzzle 47

1	2	3	4
4	3	1	2
3	4	2	1
2	1	4	3

Puzzle 48

4	1	3	2
3	2	4	1
1	4	2	3
2	3	1	4

Puzzle 49

4	2	1	3
1	3	4	2
2	4	3	1
3	1	2	4

Puzzle 50

4	2	3	1
3	1	4	2
1	4	2	3
2	3	1	4

Puzzle 51

2	4	3	1
3	1	4	2
4	2	1	3
1	3	2	4

Puzzle 52

3	4	2	1
1	2	3	4
2	1	4	3
4	3	1	2

Puzzle 53

1	4	3	2
3	2	1	4
2	1	4	3
4	3	2	1

Puzzle 54

4	3	2	1
1	2	3	4
2	1	4	3
3	4	1	2

Puzzle 55

3	4	1	2
1	2	3	4
2	3	4	1
4	1	2	3

Puzzle 56

3	1	4	2
2	4	1	3
1	2	3	4
4	3	2	1

Puzzle 57		Puzzle 58

Puzzle 57

2	1	3	4
3	4	1	2
4	3	2	1
1	2	4	3

Puzzle 58

2	3	1	4
1	4	2	3
4	2	3	1
3	1	4	2

Puzzle 59

3	4	1	2
1	2	4	3
2	1	3	4
4	3	2	1

Puzzle 60

1	4	2	3
2	3	1	4
4	1	3	2
3	2	4	1

Puzzle 61

2	3	1	4
1	4	2	3
3	2	4	1
4	1	3	2

Puzzle 62

3	2	4	1
4	1	2	3
2	3	1	4
1	4	3	2

Puzzle 63

3	2	1	4
4	1	2	3
1	3	4	2
2	4	3	1

Puzzle 64

2	1	4	3
4	3	2	1
3	2	1	4
1	4	3	2

Puzzle 65

2	3	4	1
4	1	3	2
1	4	2	3
3	2	1	4

Puzzle 66

2	4	3	1
3	1	4	2
4	2	1	3
1	3	2	4

Puzzle 67

3	2	1	4
1	4	3	2
4	3	2	1
2	1	4	3

Puzzle 68

1	2	3	4
3	4	2	1
2	1	4	3
4	3	1	2

Puzzle 69

2	3	4	1
4	1	2	3
3	4	1	2
1	2	3	4

Puzzle 70

2	1	3	4
4	3	2	1
3	4	1	2
1	2	4	3

Puzzle 71

4	1	3	2
3	2	1	4
2	3	4	1
1	4	2	3

Puzzle 72

4	2	3	1
3	1	4	2
2	4	1	3
1	3	2	4

Puzzle 73

4	1	3	2
2	3	4	1
1	4	2	3
3	2	1	4

Puzzle 74

1	3	2	4
2	4	1	3
3	1	4	2
4	2	3	1

Puzzle 75

2	1	3	4
3	4	1	2
4	3	2	1
1	2	4	3

Puzzle 76

4	1	2	3
2	3	4	1
3	4	1	2
1	2	3	4

Puzzle 77

4	2	3	1
3	1	4	2
1	3	2	4
2	4	1	3

Puzzle 78

3	4	1	2
1	2	4	3
2	1	3	4
4	3	2	1

Puzzle 79

1	2	3	4
3	4	1	2
2	3	4	1
4	1	2	3

Puzzle 80

1	4	2	3
2	3	1	4
4	1	3	2
3	2	4	1

Puzzle 81

3	2	4	1
4	1	2	3
1	4	3	2
2	3	1	4

Puzzle 82

1	4	2	3
3	2	4	1
4	1	3	2
2	3	1	4

Puzzle 83

2	3	4	1
4	1	2	3
3	2	1	4
1	4	3	2

Puzzle 84

1	4	3	2
2	3	4	1
3	1	2	4
4	2	1	3

Puzzle 85

1	4	3	2
2	3	1	4
4	1	2	3
3	2	4	1

Puzzle 86

2	4	1	3
1	3	4	2
3	1	2	4
4	2	3	1

Puzzle 87

2	1	3	4
3	4	2	1
1	2	4	3
4	3	1	2

Puzzle 88

2	3	4	1
4	1	3	2
1	4	2	3
3	2	1	4

Puzzle 89

1	4	2	3
3	2	4	1
2	1	3	4
4	3	1	2

Puzzle 90

3	4	1	2
1	2	3	4
2	3	4	1
4	1	2	3

Puzzle 91

2	4	3	1
1	3	2	4
3	1	4	2
4	2	1	3

Puzzle 92

2	4	1	3
1	3	2	4
4	1	3	2
3	2	4	1

Puzzle 93

4	2	1	3
1	3	2	4
2	4	3	1
3	1	4	2

Puzzle 94

3	1	4	2
4	2	3	1
1	4	2	3
2	3	1	4

Puzzle 95

4	3	2	1
2	1	4	3
3	4	1	2
1	2	3	4

Puzzle 96

2	1	3	4
3	4	1	2
4	3	2	1
1	2	4	3

Puzzle 97			
1	4	3	2
3	2	1	4
2	1	4	3
4	3	2	1

Puzzle 98			
1	2	3	4
4	3	1	2
2	1	4	3
3	4	2	1

Puzzle 99			
1	2	3	4
4	3	1	2
3	4	2	1
2	1	4	3

Puzzle 100			
2	1	4	3
4	3	1	2
3	4	2	1
1	2	3	4

Puzzle 101			
1	4	2	3
3	2	4	1
2	1	3	4
4	3	1	2

Puzzle 102			
1	2	3	4
3	4	2	1
2	1	4	3
4	3	1	2

Puzzle 103			
4	3	1	2
2	1	3	4
3	2	4	1
1	4	2	3

Puzzle 104			
1	2	3	4
3	4	2	1
2	1	4	3
4	3	1	2

Puzzle 105

4	3	2	1
1	2	3	4
2	4	1	3
3	1	4	2

Puzzle 106

3	4	1	2
2	1	3	4
4	3	2	1
1	2	4	3

Puzzle 107

3	4	1	2
1	2	3	4
2	3	4	1
4	1	2	3

Puzzle 108

4	2	1	3
3	1	4	2
1	3	2	4
2	4	3	1

Puzzle 109

3	1	4	2
2	4	1	3
4	3	2	1
1	2	3	4

Puzzle 110

4	3	2	1
2	1	3	4
3	4	1	2
1	2	4	3

Puzzle 111

1	3	2	4
2	4	1	3
3	1	4	2
4	2	3	1

Puzzle 112

1	3	4	2
2	4	1	3
4	2	3	1
3	1	2	4

Puzzle 113

1	4	3	2
3	2	1	4
2	3	4	1
4	1	2	3

Puzzle 114

2	1	4	3
3	4	2	1
1	2	3	4
4	3	1	2

Puzzle 115

1	3	4	2
4	2	3	1
2	4	1	3
3	1	2	4

Puzzle 116

2	3	1	4
1	4	3	2
4	1	2	3
3	2	4	1

Puzzle 117

2	3	4	1
1	4	3	2
3	1	2	4
4	2	1	3

Puzzle 118

2	3	4	1
1	4	2	3
4	1	3	2
3	2	1	4

Puzzle 119

1	3	2	4
4	2	3	1
2	1	4	3
3	4	1	2

Puzzle 120

2	4	3	1
3	1	2	4
4	3	1	2
1	2	4	3

Puzzle 121

4	3	1	2
2	1	3	4
1	2	4	3
3	4	2	1

Puzzle 122

2	4	1	3
3	1	4	2
1	2	3	4
4	3	2	1

Puzzle 123

1	3	2	4
2	4	1	3
4	1	3	2
3	2	4	1

Puzzle 124

2	4	1	3
1	3	4	2
3	1	2	4
4	2	3	1

Puzzle 125

2	4	1	3
1	3	2	4
4	1	3	2
3	2	4	1

Puzzle 126

4	1	2	3
3	2	1	4
1	3	4	2
2	4	3	1

Puzzle 127

1	3	2	4
2	4	1	3
4	1	13	2
3	2	4	1

Puzzle 128

1	2	4	3
4	3	1	2
2	4	13	1
3	1	2	4

Puzzle 129

1	3	4	2
4	2	3	1
2	4	1	3
3	1	2	4

Puzzle 130

4	1	2	3
3	2	4	1
1	4	3	2
2	3	1	4

Puzzle 131

3	4	1	2
1	2	4	3
2	1	3	4
4	3	2	1

Puzzle 132

3	4	1	2
1	2	3	4
2	1	4	3
4	3	2	1

Puzzle 133

3	1	2	4
2	4	3	1
4	2	1	3
1	3	4	2

Puzzle 134

3	1	2	4
4	2	3	1
2	4	1	3
1	3	4	2

Puzzle 135

4	1	2	3
2	3	1	4
3	2	4	1
1	4	3	2

Puzzle 136

4	3	2	1
1	2	4	3
2	1	3	4
3	4	1	2

Puzzle 137

4	3	2	1
2	1	4	3
3	2	1	4
1	4	3	2

Puzzle 138

1	4	3	2
3	2	1	4
4	3	2	1
2	1	4	3

Puzzle 139

1	3	2	4
4	2	1	3
2	4	3	1
3	1	4	2

Puzzle 140

3	2	1	4
1	4	2	3
2	3	4	1
4	1	3	2

Puzzle 141

1	4	2	3
2	3	4	1
3	2	1	4
4	1	3	2

Puzzle 142

3	1	4	2
4	2	3	1
2	4	1	3
1	3	2	4

Puzzle 143

2	1	4	3
4	3	2	1
3	2	1	4
1	4	3	2

Puzzle 144

3	2	1	4
1	4	2	3
2	3	4	1
4	1	3	2

Puzzle 145

4	2	1	3
1	3	4	2
2	4	3	1
3	1	2	4

Puzzle 146

2	3	1	4
4	1	3	2
1	4	2	3
3	2	4	1

Puzzle 147

4	2	1	3
3	1	4	2
2	4	3	1
1	3	2	4

Puzzle 148

4	3	1	2
2	1	4	3
1	2	3	4
3	4	2	1

Puzzle 149

1	3	4	2
4	2	3	1
3	1	2	4
2	4	1	3

Puzzle 150

4	2	1	3
3	1	4	2
2	4	3	1
1	3	2	4

Puzzle 151

3	2	1	4
1	4	2	3
2	3	4	1
4	1	3	2

Puzzle 152

1	3	4	2
2	4	1	3
3	1	2	4
4	2	3	1

Puzzle 153

1	4	2	3
2	3	1	4
3	1	4	2
4	2	3	1

Puzzle 154

3	2	1	4
1	4	2	3
4	1	3	2
2	3	4	1

Puzzle 155

3	2	4	1
4	1	2	3
2	3	1	4
1	4	3	2

Puzzle 156

3	2	4	1
4	1	2	3
2	3	1	4
1	4	3	2

Puzzle 157

4	3	1	2
2	1	3	4
1	2	4	3
3	4	2	1

Puzzle 158

2	3	1	4
1	4	2	3
3	2	4	1
4	1	3	2

Puzzle 159

4	1	2	3
3	2	1	4
2	4	13	1
1	3	4	2

Puzzle 160

2	1	3	4
3	4	1	2
4	3	2	1
1	2	4	3

Puzzle 161

2	1	4	3
4	3	1	2
3	4	2	1
1	2	3	4

Puzzle 162

1	4	2	3
2	3	1	4
3	2	4	1
4	1	3	2

Puzzle 163

2	1	3	4
3	4	1	2
4	3	2	1
1	2	4	3

Puzzle 164

1	4	3	2
3	2	4	1
4	1	2	3
2	3	1	4

Puzzle 165

1	2	3	4
3	4	1	2
2	1	4	3
4	3	2	1

Puzzle 166

1	4	3	2
3	2	1	4
2	3	4	1
4	1	2	3

Puzzle 167

3	1	4	2
2	4	1	3
4	2	3	1
1	3	2	4

Puzzle 168

2	4	3	1
1	3	4	2
4	1	2	3
3	2	1	4

Puzzle 169

1	2	4	3
3	4	1	2
2	1	3	4
4	3	2	1

Puzzle 170

4	2	3	1
1	3	4	2
2	4	1	3
3	1	2	4

Puzzle 171

2	1	4	3
4	3	1	2
3	4	2	1
1	2	3	4

Puzzle 172

1	2	3	4
4	3	2	1
2	1	4	3
3	4	1	2

Puzzle 173

2	4	3	1
3	1	4	2
4	2	1	3
1	3	2	4

Puzzle 174

1	4	3	2
2	3	4	1
4	2	1	3
3	1	2	4

Puzzle 175

2	4	3	1
3	1	2	4
4	2	1	3
1	3	4	2

Puzzle 176

1	2	3	4
3	4	1	2
4	1	2	3
2	3	4	1

Puzzle 177

1	3	4	2
4	2	1	3
3	1	2	4
2	4	3	1

Puzzle 178

1	2	3	4
4	3	2	1
2	1	4	3
3	4	1	2

Puzzle 179

3	4	2	1
2	1	3	4
1	2	4	3
4	3	1	2

Puzzle 180

2	3	1	4
4	1	3	2
3	4	2	1
1	2	4	3

Puzzle 181

3	2	1	4
4	1	3	2
1	4	2	3
2	3	4	1

Puzzle 182

3	2	1	4
1	4	3	2
4	1	2	3
2	3	4	1

Puzzle 183

1	2	3	4
3	4	1	2
4	1	12	3
2	3	4	1

Puzzle 184

4	3	1	2
2	1	4	3
1	2	13	4
3	4	2	1

Puzzle 185

3	2	4	1
1	4	3	2
4	1	2	3
2	3	1	4

Puzzle 186

4	3	2	1
2	1	4	3
3	2	1	4
1	4	3	2

Puzzle 187

3	1	4	2
4	2	1	3
2	4	3	1
1	3	2	4

Puzzle 188

3	2	1	4
4	1	2	3
1	3	4	2
2	4	3	1

Puzzle 189

4	3	2	1
2	1	3	4
3	4	1	2
1	2	4	3

Puzzle 190

4	3	1	2
1	2	3	4
2	1	4	3
3	4	2	1

Puzzle 191

4	2	3	1
3	1	2	4
1	3	14	2
2	4	1	3

Puzzle 192

1	4	3	2
3	2	1	4
2	3	14	1
4	1	2	3

Puzzle 193

2	4	1	3
1	3	4	2
4	2	3	1
3	1	2	4

Puzzle 194

2	1	4	3
4	3	2	1
3	4	1	2
1	2	3	4

Puzzle 195

2	3	1	4
4	1	3	2
3	2	4	1
1	4	2	3

Puzzle 196

4	2	3	1
3	1	4	2
2	3	1	4
1	4	2	3

Puzzle 197

1	3	4	2
2	4	3	1
3	1	2	4
4	2	1	3

Puzzle 198

4	3	2	1
1	2	3	4
2	1	4	3
3	4	1	2

Puzzle 199

1	2	4	3
3	4	2	1
2	1	3	4
4	3	1	2

Puzzle 200

4	2	3	1
1	3	2	4
2	4	1	3
3	1	4	2

Puzzle 201

2	4	1	3
1	3	4	2
4	2	3	1
3	1	2	4

Puzzle 202

2	1	3	4
3	4	2	1
1	2	4	3
4	3	1	2

Puzzle 203

2	1	3	4
3	4	1	2
4	3	2	1
1	2	4	3

Puzzle 204

2	3	4	1
4	1	3	2
3	2	1	4
1	4	2	3

Puzzle 205

4	2	1	3
1	3	4	2
3	1	2	4
2	4	3	1

Puzzle 206

4	2	3	1
1	3	4	2
3	1	2	4
2	4	1	3

Puzzle 207

2	1	3	4
4	3	1	2
1	2	4	3
3	4	2	1

Puzzle 208

4	1	2	3
2	3	1	4
3	2	4	1
1	4	3	2

Puzzle 209

1	2	3	4
3	4	2	1
4	3	1	2
2	1	4	3

Puzzle 210

4	1	2	3
3	2	4	1
2	3	1	4
1	4	3	2

Puzzle 211

2	1	3	4
4	3	1	2
3	4	2	1
1	2	4	3

Puzzle 212

2	3	4	1
4	1	2	3
1	4	3	2
3	2	1	4

Puzzle 213

2	4	1	3
1	3	4	2
4	2	3	1
3	1	2	4

Puzzle 214

1	2	4	3
4	3	2	1
2	1	3	4
3	4	1	2

Puzzle 215

4	2	1	3
1	3	4	2
3	4	22	1
2	1	3	4

Puzzle 216

1	2	3	4
3	4	1	2
4	3	22	1
2	1	4	3

Puzzle 217

4	2	1	3
1	3	2	4
2	4	3	1
3	1	4	2

Puzzle 218

3	4	2	1
2	1	3	4
1	3	4	2
4	2	1	3

Puzzle 219

1	4	2	3
2	3	4	1
3	2	1	4
4	1	3	2

Puzzle 220

4	2	1	3
1	3	4	2
3	1	2	4
2	4	3	1

Puzzle 221

4	2	1	3
3	1	2	4
2	3	4	1
1	4	3	2

Puzzle 222

4	1	3	2
3	2	4	1
2	4	1	3
1	3	2	4

Puzzle 223

1	4	3	2
2	3	4	1
4	1	2	3
3	2	1	4

Puzzle 224

1	3	4	2
2	4	3	1
4	1	2	3
3	2	1	4

Puzzle 225

1	4	3	2
2	3	1	4
3	2	4	1
4	1	2	3

Puzzle 226

4	1	2	3
2	3	4	1
1	2	3	4
3	4	1	2

Puzzle 227

3	2	1	4
4	1	3	2
1	4	2	3
2	3	4	1

Puzzle 228

4	2	1	3
3	1	4	2
1	3	2	4
2	4	3	1

Puzzle 229

3	4	1	2
2	1	3	4
4	3	2	1
1	2	4	3

Puzzle 230

3	2	4	1
1	4	2	3
4	3	1	2
2	1	3	4

Puzzle 231

4	2	1	3
3	1	4	2
1	3	22	4
2	4	3	1

Puzzle 232

4	1	2	3
3	2	4	1
1	4	23	2
2	3	1	4

Puzzle 233

4	1	3	2
3	2	4	1
1	4	2	3
2	3	1	4

Puzzle 234

1	4	3	2
3	2	4	1
2	3	1	4
4	1	2	3

Puzzle 235

2	4	1	3
3	1	2	4
1	3	4	2
4	2	3	1

Puzzle 236

4	2	1	3
1	3	4	2
2	4	3	1
3	1	2	4

Puzzle 237

4	1	2	3
2	3	4	1
3	2	1	4
1	4	3	2

Puzzle 238

3	4	2	1
1	2	3	4
2	1	4	3
4	3	1	2

Puzzle 239

3	4	2	1
1	2	3	4
4	3	1	2
2	1	4	3

Puzzle 240

3	2	4	1
4	1	2	3
2	3	1	4
1	4	3	2

Puzzle 241

2	4	3	1
3	1	2	4
1	2	4	3
4	3	1	2

Puzzle 242

4	3	1	2
2	1	4	3
3	4	2	1
1	2	3	4

Puzzle 243

4	2	1	3
1	3	2	4
3	1	4	2
2	4	3	1

Puzzle 244

2	4	1	3
3	1	2	4
1	3	4	2
4	2	3	1

Puzzle 245

3	1	4	2
4	2	1	3
1	3	2	4
2	4	3	1

Puzzle 246

1	3	2	4
2	4	3	1
3	1	4	2
4	2	1	3

Puzzle 247

4	2	3	1
3	1	2	4
2	4	1	3
1	3	4	2

Puzzle 248

1	2	4	3
3	4	1	2
4	3	2	1
2	1	3	4

Puzzle 249

1	2	4	3
4	3	2	1
2	1	3	4
3	4	1	2

Puzzle 250

2	4	1	3
3	1	2	4
4	2	3	1
1	3	4	2

Puzzle 251

4	3	1	2
1	2	4	3
2	1	3	4
3	4	2	1

Puzzle 252

2	1	3	4
4	3	1	2
1	4	2	3
3	2	4	1

Puzzle 253

1	4	2	3
2	3	4	1
4	1	3	2
3	2	1	4

Puzzle 254

2	4	3	1
3	1	2	4
4	2	1	3
1	3	4	2

Puzzle 255

4	2	3	1
3	1	4	2
2	4	1	3
1	3	2	4

Puzzle 256

4	3	2	1
2	1	4	3
3	4	1	2
1	2	3	4

	Puzzle 257		
2	4	3	1
1	3	4	2
3	1	2	4
4	2	1	3

	Puzzle 258		
1	4	2	3
2	3	1	4
4	2	3	1
3	1	4	2

	Puzzle 259		
4	1	3	2
3	2	1	4
1	4	2	3
2	3	4	1

	Puzzle 260		
3	1	4	2
2	4	1	3
4	3	2	1
1	2	3	4

	Puzzle 261		
4	2	3	1
3	1	2	4
2	4	1	3
1	3	4	2

	Puzzle 262		
4	1	2	3
3	2	4	1
1	4	3	2
2	3	1	4

	Puzzle 263		
2	3	1	4
4	1	3	2
1	2	4	3
3	4	2	1

	Puzzle 264		
3	2	4	1
4	1	2	3
1	4	23	2
2	3	1	4

Puzzle 265

1	2	4	3
3	4	1	2
4	3	2	1
2	1	3	4

Puzzle 266

3	1	4	2
4	2	3	1
2	4	1	3
1	3	2	4

Puzzle 267

3	4	2	1
2	1	3	4
1	3	4	2
4	2	1	3

Puzzle 268

2	3	4	1
4	1	3	2
1	4	2	3
3	2	1	4

Puzzle 269

4	1	3	2
3	2	1	4
1	4	2	3
2	3	4	1

Puzzle 270

4	1	2	3
3	2	4	1
2	3	1	4
1	4	3	2

Puzzle 271

4	3	2	1
2	1	3	4
3	4	1	2
1	2	4	3

Puzzle 272

4	1	2	3
3	2	1	4
2	3	4	1
1	4	3	2

1	3	2	4
2	4	3	1
3	1	4	2
4	2	1	3

1	3	2	4
4	2	1	3
2	4	3	1
3	1	4	2

4	1	2	3
3	2	4	1
2	3	1	4
1	4	3	2

2	1	4	3
4	3	1	2
1	2	3	4
3	4	2	1

3	4	1	2
2	1	4	3
4	2	3	1
1	3	2	4

4	3	1	2
2	1	3	4
1	2	4	3
3	4	2	1

1	4	2	3
2	3	4	1
3	2	1	4
4	1	3	2

2	1	3	4
3	4	2	1
4	2	1	3
1	3	4	2

Puzzle 281

3	4	2	1
2	1	4	3
4	3	1	2
1	2	3	4

Puzzle 282

2	4	1	3
3	1	4	2
1	2	3	4
4	3	2	1

Puzzle 283

4	2	3	1
1	3	2	4
3	1	4	2
2	4	1	3

Puzzle 284

1	4	2	3
3	2	4	1
4	3	1	2
2	1	3	4

Puzzle 285

2	1	3	4
3	4	2	1
1	3	4	2
4	2	1	3

Puzzle 286

3	2	4	1
1	4	3	2
4	1	2	3
2	3	1	4

Puzzle 287

4	3	2	1
2	1	4	3
3	4	21	2
1	2	3	4

Puzzle 288

2	1	3	4
4	3	1	2
1	4	22	3
3	2	4	1

Puzzle 289

3	1	4	2
2	4	3	1
1	3	2	4
4	2	1	3

Puzzle 290

2	4	3	1
3	1	4	2
4	2	1	3
1	3	2	4

Puzzle 291

1	2	3	4
3	4	2	1
4	3	1	2
2	1	4	3

Puzzle 292

2	1	4	3
3	4	2	1
4	3	1	2
1	2	3	4

Puzzle 293

1	4	2	3
2	3	1	4
3	2	4	1
4	1	3	2

Puzzle 294

4	3	1	2
2	1	4	3
3	4	2	1
1	2	3	4

Puzzle 295

2	4	3	1
3	1	4	2
4	2	1	3
1	3	2	4

Puzzle 296

2	3	4	1
4	1	3	2
3	2	1	4
1	4	2	3

3	1	4	2
2	4	1	3
4	2	3	1
1	3	2	4

2	1	3	4
3	4	1	2
4	3	2	1
1	2	4	3

4	1	3	2
3	2	1	4
1	4	2	3
2	3	4	1

1	3	2	4
4	2	3	1
2	1	4	3
3	4	1	2

Puzzle 1

4	1	3	5	2	
			3	4	1
1		6			2
	4	2	1	6	
6	5	1	2	3	4
3			6	1	

Puzzle 2

2	1	6			5
4	3	5		2	1
1	6		5		
		3	1	6	2
	2	1		5	3
3	5	4	2	1	6

Puzzle 3

	1	5	4		6
6				1	5
4		2	3	5	
5	3	1		4	
	2	4	5	6	3
3	5	6	1	2	4

Puzzle 4

2	4	3		6	1
	1	5		4	
1	3	2	6	5	
4		6	1	2	
				1	5
5	2	1	4	3	6

Puzzle 5

1	5		2	4	
2	4	6	5	1	3
6	3	5		2	
4	2		3	6	5
5		4	6	3	2
3		2	1		

Puzzle 6

	3		1	2	5
5	1	2	6		
1	5				
2	6	3	5	4	1
3	2		4	5	6
6	4	5	2	1	3

Puzzle 7

	4	2	6		5
	5		1	4	2
5			3	6	1
6	1		5		4
2	3	1	4	5	6
4	6	5	2		

Puzzle 8

	6	5	2	1	3
3	1	2	6	4	
1	2	4	5	3	
	3		1	2	4
6		1	3		2
			4	6	

Puzzle 9

		4	3	2	1
3	2		4	6	5
4		6	1		2
2	1	5	6	3	
1			2	4	6
	4	2	5	1	

Puzzle 10

6	3				1
5		1	6	4	
2	4	3	1		5
1	5	6	4	3	2
4	1	2	3	5	
	6		2	1	4

Puzzle 11

			1		6
1	5	6		3	4
6	4	3	5		2
5	2	1		4	3
3	6	5		2	
2	1	4	3	6	5

Puzzle 12

4	5	1		2	
2	6	3	5	1	
	3	4			1
1	2		3	4	5
6	4	5	1		
		2	4	5	6

Puzzle 13

5	2		6		1
6	1		5		4
3	6	1			5
4	5	2	1	6	3
	3	6		5	2
2		5			

Puzzle 14

3	6	4			1
		5	6	4	3
5	4		2		6
6		3			4
	5	6		1	2
1	3	2	4	6	5

Puzzle 15

6	5			3	1
1	2	3	4	5	6
	1			2	5
2	3	5		1	4
3	6	1		4	
5	4	2			

Puzzle 16

5	2	1	6	4	3
	6	4		2	1
4	3	5		6	2
2	1	6	3	5	
1		2			
6	4	3		1	

Puzzle 17

5	6	1		3	2
	2	4	6	1	
6	4	5	1	2	3
	1			4	
1		6		5	
4	5	2	3	6	

Puzzle 18

2	6		4		3
4	3	1	5	2	
	5		3	4	1
1	4	3	2	6	
3		6	1		
5	1	4	6		2

Puzzle 19

	5		2	1	
1	2	6	5		3
6			4	3	2
	4		6	5	
4		2		6	5
5	6	1	3		4

Puzzle 20

2	1		6		
3	4	6	5	2	
1		3			6
5		4	2	1	3
4	3	2		6	
	5	1	3	4	2

Puzzle 21

3	1	4	5	2	
	6	5	4	1	
6	4	1		3	5
	3	2	1		4
1		3	6	4	2
	2			5	1

Puzzle 22

5		2	4	6	
1	4			2	3
	1	5	6	4	2
6	2	4	1	3	5
4	5			1	
2	6		3	5	

Puzzle 23

3		6	1	2	
5	2	1	4		6
2		5	6	4	1
6		4		5	3
	6	3	5	1	
1			2	3	6

Puzzle 24

3	5			6	
1	4	6			3
	1	3	2	4	6
6	2		1		5
4	3	1		5	2
2	6	5		1	

Puzzle 25

6	4	3		5	2
1	5	2	6	4	3
	2	1		6	
3	6	4	2	1	5
	3			2	1
2	1				6

Puzzle 26

2	4	6	1	3	5
3	1	5		2	
		3	5		1
4	5		2		3
1	3				2
5		2	3	1	4

Puzzle 27

5		3	2	1	
1	2	4			5
4	1	5	3		
6	3	2	4		1
2	5		1	4	3
3	4	1	5	2	

Puzzle 28

1	5	2	4	3	
3	4		1	2	5
2	3	4		5	1
5		1	2	4	
	1	3	5	6	2
6			3		4

Puzzle 29

3	6	4	1		
5	2	1	3	4	
4		6	5		1
1	5	2	6	3	
6		3	2		5
				4	6

Puzzle 30

2	1	4	5	6	
5	6		1	4	
	3	2	4		
4			2	3	1
6	2	5	3	1	
3	4		6	2	5

Puzzle 31

3	2				1
6		1	5	2	3
2		6	1		5
		4		3	2
4	5	3	2	1	
1	6	2	3	5	4

Puzzle 32

5	3	6		2	
	4	2	5	3	6
3	2	4	6	1	5
6	1	5		4	
	5	1	3		2
2		3	4		

Puzzle 33

1		6	5	2	
4	5	2			1
6	4		1		2
3	2		4	5	6
5	6			1	3
2	1		6	4	5

Puzzle 34

3	4	1	6	2	5
	5	2	4	1	3
1	3	4	2	5	6
2	6	5			1
		3		6	
		6	1		4

Puzzle 35

2	4	1	5	3	6
3		6		2	4
	2	4	3	6	
1			2		
	3	5	6		2
6		2	4	5	3

Puzzle 36

2	4		1	3	5
		1	2	6	4
		2	5	4	3
5	3	4	6	1	2
		5	3	2	1
	2	3	4	5	

Puzzle 37

1	5	2			3
3		4	5		
6	1	3		5	4
2	4	5	3	1	6
5	3	1		4	2
	2	6		3	

Puzzle 38

1	5	4	6	3	
					5
6	3	1	2		
5		2	1	6	3
4	1	5	3	2	6
2		3	5	4	1

Puzzle 39

6	4	1	5	2	3
		5	1	6	4
	6	4	3	1	5
5			2		6
1	3	6			
		2	6	3	1

Puzzle 40

4	1	5	2	6	
6	3				
5	2	3	6	4	
1	6		3	2	5
2	5		4	3	6
3	4		1	5	

Puzzle 41

3	2	5	1	6	4
6		4			3
2	4	1		3	5
		3	4	2	1
4				1	6
1	3		5	4	2

Puzzle 42

4		2	6	3	1
3	6	1		4	2
5			2	1	
2	1	4	3	5	6
	4			2	5
1	2	5	4	6	

Puzzle 43

2	1	5	6		
6		4	1		5
5	4			6	1
	6	2	3	5	4
	5	6	4	1	
4		1	5		6

Puzzle 44

	6	4	3	5	
1	3	5	6		4
6	4	3	5	1	2
5	1	2	4	6	
			1		5
	5		2	4	6

Puzzle 45

	4	6	5	1	3
	3	5	4	6	2
6		1	3	5	
	5		1	2	6
3	1		6		5
5		4		3	

Puzzle 46

		6	1	4	
2		4		6	5
5	2	1	4		6
6	4	3	5	2	1
1	3	2	6		4
4	6				3

Puzzle 47

1	4		6	2	3
6		2	1	5	
	6			3	2
4	2	3			1
3	5		2	1	6
2		6	3	4	5

Puzzle 48

		2	5	6	
6	1		4	3	
3	4	6	1	2	5
5	2		6		
1	6	3		5	4
2	5		3	1	6

Puzzle 49

4	1	6		2	5
	3	5		4	6
	4	2	6		
3	6	1	4	5	2
1	5		2	6	4
6	2			1	3

Puzzle 50

5	2	3	1		4
	4	6		2	5
		2	4	3	1
3		4		5	2
2	6	1	5	4	3
			2	1	6

Puzzle 51

6		3		4	1
4	2	1	5	3	
3		6	4		
2	4	5	1		3
5	6			1	4
	3	4		5	2

Puzzle 52

2	6	5	4		3
4	1	3	5	6	
		1	3	5	4
3	5	4			6
1	4	2		3	
	3			4	1

Puzzle 53

2	6	3		1	
4	5	1	3	2	6
1		2		5	3
5	3		2	4	1
3	2	4		6	5
6	1			3	

Puzzle 54

6				1	2
1		2	3		
2	3	6	1	4	5
5	1		2		6
4	2		6	5	3
3	6			2	

Puzzle 55

3	2	6	5		4
	4		6	3	2
	3	2	4		5
		4		2	3
2	1		3	4	6
	6	3		5	1

Puzzle 56

6	5	4		2	1
	3	2	6	4	5
5	2			3	4
	1		5		2
	4		2	1	6
2		1	4	5	3

Puzzle 57

4				2	
5	6	2	4		1
6		4	1	5	
1	2	5	3	6	4
3		1	2	4	6
2		6	5		3

Puzzle 58

					2
2		4	6	5	1
	1	2	3	4	5
5	4		2	1	
	2	1		6	4
	6	5	1	2	3

Puzzle 59

	6	2	3	5	4
4	5		1	2	6
3			2		
6	2	5	4	3	1
	3	1	6	4	
2	4			1	3

Puzzle 60

	6	3	4	2	
	1	4	5	3	6
3	2	1	6	5	
	4	5	2	1	
	5	6		4	2
	3	2		6	5

Puzzle 61

3					2
6	2	4	5		3
4	6	2			
1	5	3	2	4	6
5		6	1	2	4
2	4		6	3	5

Puzzle 62

2	6	4	5		
1	5			4	
6	2	5	1	3	4
4	3	1	6	5	2
5		2			1
3			4		

Puzzle 63

5	6	4	2	1	3
		2		5	6
1	4		5	6	2
	2	5	3	4	1
	5			3	4
		6	1	2	5

Puzzle 64

3		4	2		
2			4	3	6
5	3		1	4	2
4	1	2			3
	4	3	5	2	1
1	2	5	3	6	4

Puzzle 65

6	3	2		4	5
4	5		3	6	2
5	2	6	4		
1	4	3		2	6
2			6	5	3
3	6		2	1	

Puzzle 66

1	2	6		5	4
5	3		2	1	6
6	4	1	5		3
3	5	2			
4		5	1		2
2			3	4	6

Puzzle 67

4		3			2
1	6		3	4	5
5		6		1	4
2	1	4	5		6
3	4	5	6	2	
6		1	4		3

Puzzle 68

4		2	6		3
6	3		4	5	2
2		3	1	6	5
1	6		2		
5	2		3		1
3	1	4			

Puzzle 69

2	5		1	3	
1	3	6	4	2	
6	2	1	5	4	
3	4	5		1	2
			3	6	4
4	6	3			1

Puzzle 70

		6	2		5
3	2	5	1	6	4
	6		5	1	3
5	3	1	6	4	
4		2	3	5	6
	5	3	4		1

Puzzle 71

	5	2	3	1	
3	4		2	5	
	1	3	6		
2	6	5	4	3	1
5	3	4	1	6	2
	2	6		4	

Puzzle 72

	1	6	2	3	
	2		1	6	5
2	5	1	3	4	6
4	6	3			2
6	3	5		2	
1	4		6		3

Puzzle 73

4	6	1	5	3	2
		2		1	4
		6	3	4	
5	4	3			1
	2		1	5	3
1		5	4	2	6

Puzzle 74

2		5		3	
	6		1	2	
5	4	2	3		1
1	3	6	4	5	
4	5			1	6
6	2	1	5	4	

Puzzle 75

	4	3		5	
1	5	2		6	4
	6		4	3	2
2	3	4	6	1	5
4	1	6			
3	2		1	4	6

Puzzle 76

	6			2	5
2	5	1		3	4
5			2		
1	4		5	6	
4	2	5	3	1	6
		3	4	5	2

Puzzle 77

4	6	1		2	3
3	5		1	4	6
	2	6	3	5	
	4	3	6	1	2
6	1			3	
2	3	5		6	

Puzzle 78

6		1	5	3	
		5	6	2	1
5	1	2		6	3
3	4	6	2		5
2	5		1		6
1	6		3		

Puzzle 79

2	5	3	4		1
				2	3
6			2	3	
3	2	5	1	4	6
5	3	2	6		4
4	6			5	2

Puzzle 80

2		3	4	1	6
6	1	4		2	3
			3	6	4
3			1		
5	3	2	6	4	
4		1		3	5

Puzzle 81

	1	4	5	2	
2	5	6	3	4	1
	6		4	5	
	3	5	6		
5	2	3	1		
6	4	1	2	3	

Puzzle 82

5	2	4	1	6	3
3	1	6	5		
1	5			4	2
6	4	2	3		5
	6		4	3	1
	3		2	5	6

Puzzle 83

	5	3		4	6
4	6	2	5	3	
2	4	6	1		
5		1		2	
3	1	5		6	
6	2	4	3		5

Puzzle 84

6		1	2	4	
5	2	4			3
3	4	5	1		2
1			3	5	4
4	1	3	5	2	
2	5		4	3	

Puzzle 85

		2	5		4
5		6		2	3
4	6	1	2	3	5
2	5		4	1	6
3		4	6	5	
6	2	5	3		1

Puzzle 86

1	3	2	6	4	5
6	4	5		3	
3	5	4	1		6
2	1	6	3		4
		3		1	
5	2			6	3

Puzzle 87

5		1	4	3	2
3		4	6	5	
		5	2	4	
4	3	2	1		5
2		3	5		6
	5		3	2	4

Puzzle 88

			4	2	1
1	2	4	6	3	5
2		1	3	5	
3	5	6	1		2
6		5	2	1	
4		2	5	6	3

Puzzle 89

1	6		5	2	
5	4	2	6	3	
4	1	5	2		3
			4	1	5
6	5			4	2
2	3		1	5	6

Puzzle 90

3	5		2	1	6
	6	2		3	5
4	2	3		6	1
5	1	6	3		2
		5	1	2	3
	3	1		5	4

Puzzle 91

	6	5	4		1
	2	1	6	5	
1		6		3	2
5		2	1	4	6
6	5				4
2	1	4	3	6	5

Puzzle 92

2				3	5
5		3	4		6
1		2		4	3
3	6	4	2	5	1
4	3	1	5	6	
6		5	3		4

Puzzle 93

2	5	3	6	1	4
		1		5	
	3	2	5	4	1
5		4	2	6	3
	4		1		6
1			4		5

Puzzle 94

2	4		5	3	1
3	5	1	2	6	4
1			3	5	6
		5	1		2
4	1	3	6	2	
		2	4	1	3

Puzzle 95

6		5		4	3
2	4	3	1	6	5
5		6			1
	2	4	3		
3	6	2	5	1	4
4		1	6		2

Puzzle 96

		3	1	6	
	5	6		3	4
4	1	2		5	
	3	5	4	2	
3	6	4	5	1	2
5		1	6	4	

Puzzle 97

	6		5	2	3
2	3	5	1		
3			6	5	1
5	1	6	4	3	2
6		2	3		5
	5	3	2	4	6

Puzzle 98

2	5	6	4		3
			6		5
3	6	5	2	4	
	1	2		3	6
6	2	1	3	5	4
5	3	4	1		2

Puzzle 99

3		5		2	
1	2	4	6		5
	3	2	5	1	4
4	5	1	3		2
5	1		2	4	3
	4	3	1		6

Puzzle 100

5	4		6	2	3
6	3	2	4		1
	2	5	1	6	4
		6	2	3	5
1	6		5	4	
	5	4	3		6

Puzzle 101

		5		3	2
3		2		5	1
2	4	3	1	6	5
6	5		3	2	4
5	3	4			6
		6		4	3

Puzzle 102

3	4		2	6	5
	2	5	4	3	1
1	6		5		3
		4		2	6
4	5	6			
2	1	3	6	5	4

Puzzle 103

1	2	6	4	3	
	5	3		1	
6	1		5		3
5	3	2			1
3	4		1	6	2
2	6			5	4

Puzzle 104

3	6	4	2	1	5
2	5	1	3	4	
6	3	5			
1				5	3
4	2	6	5	3	1
	1			6	2

Puzzle 105

2	1	5	6	3	4
	6	3	5		2
1	3	6	4		5
		2	1		
6	2		3	5	
3	5	1	2	4	6

Puzzle 106

5	1		6	2	3
6	3	2	4	1	5
		3	1		6
	6	5	2		4
3		6	5	4	1
	5			6	2

Puzzle 107

6		2	1		
1	4	3		6	
4	3			1	6
	6	1	3		5
5	1	4	6		3
3			4	5	1

Puzzle 108

	6	4	5	2	1
2					4
1			4	6	3
6		3			2
	3		2	1	5
5	2	1	3	4	6

Puzzle 109

			4	3	6
4		3	1	2	5
6	5		3	4	
3		4	6	5	2
5	3			1	4
2		1	5		3

Puzzle 110

3	5	1	2		6
2	4	6	5		
	3	2	6	5	4
5	6	4	3	1	
4	2		1	6	
6		5	4	2	

Puzzle 111

1		5			4
	4	3	2	5	1
4	3	1	6		5
2		6	1	4	
	1		4	3	6
3		4	5	1	2

Puzzle 112

5	3	6	2	1	4
	4	1		5	
3		2	4		5
4	6	5	3	2	
		3	1		
	2	4		3	6

Puzzle 113

1	2	3	4		6
	4	5	2		1
		2	5	6	
3	5	6	1	2	4
2	6		3	4	
	3	4		1	2

Puzzle 114

4	3	6	1	5	2
5	1	2		6	3
6	2	3			4
			3	2	
	4	5	6	3	
3	6	1	2		5

Puzzle 115

3		5	1		
1	6	4	5	3	2
	5		4	1	3
		3			5
5		1	6	2	4
6	4	2	3	5	

Puzzle 116

	2	4	3	1	5
1		5		6	2
	6	3		2	1
	1	2	6		4
3		1	2	5	6
2		6		4	3

Puzzle 117

5	4			2	
2	6	3	1	4	
4	3	2	5		1
	1	5	2	3	
	2	4	3	5	6
	5		4	1	2

Puzzle 118

1	4	6	2	3	5
2	5	3	4		
6	3	5	1	4	2
4	1	2		5	6
	2	4	6		3
	6	1			

Puzzle 119

6	4	5		3	2
3	1		4	5	
	3	6		4	5
	5	4	6	1	3
		3		6	1
	6	1	3		4

Puzzle 120

	1	2	4	3	6
4	3		5	2	1
2	5		6	1	3
		3	2	4	5
		1	3	5	4
		5	1	6	

Puzzle 121

2	5		4	6	
6			3	2	5
5	3		1	4	2
1		2	5	3	6
4	2	1	6	5	
	6	5	2	1	

Puzzle 122

	3	5	1		
4	1	2	6		5
5	2	1	4	6	3
		6	5	1	2
2	6	4	3		1
			2	4	6

Puzzle 123

5					3
	6	3	1	5	4
1	2		3		6
3		6	5	2	1
4		1	6	3	
6		2		1	5

Puzzle 124

3		6	1	5	4
5	4	1		2	3
4	6				
1	3				6
2	5		4	6	1
	1	4	2	3	5

Puzzle 125

	5	6		1	2
4	1	2	5		
		1	6	4	5
5	6	4	3	2	1
6	2			3	4
1				5	6

Puzzle 126

4	2	3	1	6	5
1	5			3	4
2	4	1	3	5	
			4	1	2
5		4	6		
3		2	5	4	

Puzzle 127

	4		1	6	5
5	1		3		2
1	5	2	4	3	6
	3	4	2		1
	6	1			4
4	2		6		

Puzzle 128

5		4	2		6
2	6	1			5
1	5		4		2
3	4	2	6	5	
4	2	5	1	6	3
6	1	3	5		

Puzzle 129

3	1		2		6
4		6	3	5	
1	3	2		6	4
	5		1	2	3
2	4		6	3	5
5		3		1	2

Puzzle 130

1	6	3			
5	4	2	6	1	3
2		6	3	5	
3		4	2		1
6	2		4	3	5
4	3	5	1	2	

Puzzle 131

		4	2	3	
	3	2		4	1
4	6		1	2	5
2	5		3		4
1	2	6		5	3
3		5		1	

Puzzle 132

		6		4	
5	4	2	3		6
		1	4	3	2
	2	4	5	6	1
4	1		6		3
2	6	3	1	5	4

Puzzle 133

5		6	1	2	4
4	2	1		6	
				1	5
2	1	5		4	
	4	3	6	5	2
	5	2	4	3	1

Puzzle 134

2				1	
3	1	4	2	6	
5	4		1		6
1		2	3	5	4
6	3	1		4	2
4	2	5	6		1

Puzzle 135

	1		4		6
5	6	4	1	3	2
		5	3	6	
	3	1	2		5
	4	6	5	2	3
	5	3		1	4

Puzzle 136

3	5		6	2	
2	4	6	5		
	3		1	6	2
1	6	2		5	3
	2	4	3	1	
5	1	3	2	4	

Puzzle 137

1	6		3	4	5
3	4	5	1	6	2
	3	1	4	5	6
4	5	6	2		
		3		2	4
5		4	6	3	

Puzzle 138

		1	5	6	3
5	6	3	4	1	2
	5	2			6
	1	4	3	2	5
	4	5	6		1
	6	2			4

Puzzle 139

2	4	6	3		
5			4	6	2
4	2	5	1		6
		1	2	5	
6	3	2	5	4	1
1	5		6	2	

Puzzle 140

3	6	1	5		4
5	4	2	6		3
		3		6	5
	5		2		1
6	3			4	2
1	2	4		5	

Puzzle 141

		4	2	1	3
	2	1	6	4	
6	4		3	5	1
1			4	6	
2	1	6	5	3	4
	3		1	2	6

Puzzle 142

		2		4	1
4	1	5	2	6	
5	4			2	6
2	6	3	1		
	2	4	6	3	5
3	5		4		2

Puzzle 143

5	3		2		4
2	6	4	3	1	5
		3	1	5	6
		6	4	2	3
3	1	5	6	4	2
		2	5	3	

Puzzle 144

	1	3	6	5	4
4	5	6		2	
1			3	6	5
6		5		1	2
5			2	3	
	6	2	5		1

Puzzle 145

4	2			3	1
1		3	2	4	5
2	3	1	5	6	4
5	4		3		
3	5			2	6
	1			5	

Puzzle 146

4	6	1	5	2	3
2	5	3			4
5	3		1		2
1	2	4		6	5
	4	5	2	3	
3		2			

Puzzle 147

			1	4	6
1	4	6		5	2
3	1	4			5
6	5	2	4	3	1
	3		6	1	4
4	6	1	5		

Puzzle 148

4		3			
2	1	6	5	4	3
5	3		6		4
1		4	3	2	5
3	2	1	4		
6	4		2	3	1

Puzzle 149

2	4	1	6		
5		3		2	4
		2	5		1
1	5	6	3	4	2
3	2	5	4	1	6
6			2	5	

Puzzle 150

2	4	5		3	1
6	3	1	2	4	5
5		4	1	2	
	1		5	6	4
	5			1	2
1			3	4	6

Puzzle 151

	1	3		2	5
6	5	2	1	4	3
	2	6	3	1	
3	4		5	6	
2	6			3	1
1	3	4	2		6

Puzzle 152

5		1	3		2
2	3	6	1	4	
6			2	3	1
		3		5	6
3	1	5	6		4
4	6	2		1	3

Puzzle 153

6	1	3	4		2
4			1	3	6
2	6	4	5	1	3
	3	5			4
3	4	1	6		
5	2	6	3	4	

Puzzle 154

6	2			5	
3	5	1		4	2
	1	2	4	3	
4			2	1	5
1	6		5		4
2	4	5	1	6	3

Puzzle 155

	6		1	5	
1		2		6	3
	2	1	3	4	6
4	3	6	5	2	1
		5		3	4
2	4		6		5

Puzzle 156

6		5	3		4
1	4	3	6	2	5
	1	2	5	6	
5	3	6			1
2	5	1	4	3	6
3		4		5	

Puzzle 157

6	1		2	3	5
2	3		6	4	1
	6	1		5	2
5		3	4	1	6
1	4		5	6	
	5	6	1	2	

Puzzle 158

	3	6	2		5
2	5		3	1	6
4	2	5	1		3
	6	1		2	
	4	2		3	
6	1		4	5	2

Puzzle 159

6		4	1	2	3
		1	4		5
1		2		5	4
	3		6		2
2	4	6	5	3	1
5	1		2	4	6

Puzzle 160

4	6	1	2	5	
3		5	6	4	1
6	3	2	5		4
1	5			6	2
5		3	4		6
2				3	5

Puzzle 161

		4	5	3	6
6		5	4		2
1	5		3	6	
3	4	6		5	1
4	6	3	1	2	
5	2	1		4	

Puzzle 162

5		4	2	3	1
3	1	2	5	6	4
2		5		1	6
	4		3	5	2
			1	4	
4			6	2	3

Puzzle 163

6	1	4	2		3
	3	5	1	4	6
4	2	1	6	3	5
		6	4	1	2
	4		3	6	
	6			2	4

Puzzle 164

3	1	4	5	2	6
		2	3		1
	3		4		
	4	1	6	3	2
	6	3	2	5	4
	2		1	6	3

Puzzle 165

	4	3	1		5
1		5	2	3	4
	2		3	5	1
5	3		6		
4	1		5	2	3
3	5	2		1	6

Puzzle 166

4	3	2	1		5
6	1	5		2	4
5		1	4	3	2
2		3			6
	5	6			3
3	2		6	5	1

Puzzle 167

1	5	3	2		4
6	2	4	3	1	5
	6		5		3
4		5	6		1
3		2	1	5	6
		6	4		2

Puzzle 168

4	3		1	5	6
5	1	6	4	3	2
2	5	3		4	1
	4	1		2	
	2		5		
3	6	5			4

Puzzle 169

		3			5
5	4	1		3	
3	5	2	6		1
6	1	4	5		3
4			1	6	2
1	2		3	5	4

Puzzle 170

	4	1	2	3	5
5	2			1	
1	5	4	3	2	
3	6		5	4	1
4			1	5	
2		5	4	6	3

Puzzle 171

	1			3	5
2	5	3			4
1	2	6	4	5	3
3	4	5	6		
5		2			1
	3	1	5	2	

Puzzle 172

2	3	1		4	6
6	4	5			
1		6	4	5	3
	5		2	6	1
4	1	3	6	2	5
5			3	1	4

Puzzle 173

2	1	5		3	
3	4	6	5		2
4	3	1	2	5	6
		6	2	1	4
1	2	3		6	
		5		3	2

Puzzle 174

4	2	1	6	3	5
5	3	6	1	2	4
3		2	5	6	
6	1	5	3	4	
1		4			3
		3		1	

Puzzle 175

1	2	3		4	6
6		5	2	3	1
	3		6		2
2	6	1	4	5	3
	1				5
	5	6	1		4

Puzzle 176

6	4	1	5	3	2
5	2	3		1	6
4		6			1
1	3	2	6	5	4
3			2	6	5
2	6			4	

Puzzle 177

6	3	2	1		4
5	1		2	6	
1	2		3	4	5
4		3		2	1
	4	1			6
3	6		4	1	2

Puzzle 178

6	3				4
5		4	6	3	2
2		6		1	5
1	5	3		4	
3	6	5	4	2	1
4	2	1		6	

Puzzle 179

5		6		3	
4			6	5	
1	6	5	2	4	3
		4	3		5
6	5	1	3	2	4
3	2	4	5	1	

Puzzle 180

1		3	6	2	
2		6	3	4	1
6				5	3
4	3	5	1	6	
5	1	4	2		6
		2	5		4

Puzzle 181

4	3		6	2	5
	2	5			1
1	5		2	6	4
	6			5	
3		6		1	2
5	1	2	4	3	6

Puzzle 182

3	4		2	1	5
1	5	2	4	3	
6	2		3		
5	1			4	2
2	3		5		4
		5	1	2	3

Puzzle 183

	4	5		2	3
2			4		
	2	6	3		1
4	3	1	2	5	
1	5				2
3	6	2	5	1	4

Puzzle 184

2	4	3	1	6	
	6		4	2	3
1	5	6	3	4	2
3	2		6	5	
	3	2		1	
	1			3	6

Puzzle 185

	6			4	2
	4	3	1		6
4	5	2	6		3
		6		2	
6	2	4	5	3	1
1		5		6	4

Puzzle 186

	6	3	2		
2	4	1	6		3
	5		3	2	4
3	2		1		5
4	3	2	5	1	6
6	1	5		3	2

Puzzle 187

2		3	1	5	4
	5	4	2	6	
5		6	4	3	2
	3	2	5	1	
6			3	2	
3		1		4	5

Puzzle 188

1		6		5	
	5			1	6
5		2	3	4	1
3	1	4		2	5
6		5	1	3	4
4	3	1	5	6	

Puzzle 189

1	4		6		2
6	3		4	5	
	5	3	1	6	4
4		1	5	2	
	1	6		4	5
5	2	4		1	6

Puzzle 190

	2	3			
1	5	6	2		4
3	6	1		4	2
	4	5		6	1
5		4	6	2	3
6		2	4	1	5

Puzzle 191

		4	2	6	
3		6		1	
	4	3		2	1
1	5	2		4	6
2	6	5		3	
	3	1	6	5	2

Puzzle 192

2	4	1	3	5	6
5	6	3		2	1
	5	6	2	1	
		2	6	4	5
		5		3	
	1	4	5		2

Puzzle 193

2	4	6	5	1	
3	1	5	6	2	
6		3	1	4	2
1	2	4	3	5	
	3		4	6	
		1		3	5

Puzzle 194

5	1				
6	4	2	1	3	5
2	6	4	5		3
3		1	2		4
	2			5	1
1	3	5	4	2	6

Puzzle 195

	5	4	1	6	2
6	1		3	5	4
	6	3	2		1
2		1	5	3	
		5	6	1	
		6	4	2	5

Puzzle 196

	1			3	5
3	5	2	1		6
2	6		3	1	4
4	3			6	2
5	4	3	6		1
		6		5	3

Puzzle 197

2	3	1	6	4	
5	6	4	3	1	2
4	5	2	1		6
3	1	6			4
			4		3
6	4			5	1

Puzzle 198

2	4	6	5		3
5	3	1	4	2	
6	1	5	3	4	
4		3		5	1
1		4		3	5
3	5			6	4

Puzzle 199

1	4	2	6	5	3
5	3		4	1	
6		3	1		4
	1	4	3	6	5
	2	1	5	3	6
		5	2		1

Puzzle 200

5	6		1	2	
3	1	2		4	
1		3	4		2
2		6		5	
6		1	5	3	
4	3	5	2	1	

Puzzle 201

	1	4	3		2
3		5	4	6	
5	4		1	2	
2	6	1	5		3
4	3		2		5
1			2	6	4

Puzzle 202

1		6		5	4
5	3	4	1	6	2
2	6	1	4	3	5
4	5	3	6	2	
3		5	2	1	6

Puzzle 203

6	4		2	3	1
3	1	2			4
		3	1	6	2
	2	6	5	4	
	6		3	1	5
5		1		2	6

Puzzle 204

5	6	2		3	
	1			6	2
6	4	1	2	5	3
	3	5	4	1	
1	2		3		5
3	5	4	6		

Puzzle 205

3	6	4		5	2
	2	1	4	3	6
2		3	6		
4	5		3	2	1
6	4			1	
1	3	2		4	5

Puzzle 206

	2		1	3	4
3	1		6		2
4	5	3	2	6	1
2	6	1	5	4	3
	4	2		1	6
		6			5

Puzzle 207

	4	3	5		6
1	6	5	4		
5	2	6	3	4	
4		1	6	5	2
6	1	4			
3	5	2	1		

Puzzle 208

5	3			2	6
6	2	1	4	3	5
4		3	2	6	1
	6	2	3	5	4
					3
3	4	5	6	1	

Puzzle 209

1	6	2			
4		5	1	6	2
3	2	6	4	5	1
		4		2	3
	4		2	1	5
	5		3	4	6

Puzzle 210

4		5	3	2	1
2			5		4
5	2	1		4	
3	4		2		5
6		4		3	2
1	3	2	4	5	6

Puzzle 211

1	2	5			3
	4	3		2	1
			2	1	4
4	1		6		
2	5	1	3	4	6
		4	1	5	2

Puzzle 212

4	1	5	2		3
6	3	2	5	1	4
3		4	1		2
	2				6
1	4	3			
2	5	6		3	1

Puzzle 213

	2	6	1	4	5
4	5	1	3	6	2
1	4		5	3	
5	6	3	4		
6	3	5			
2	1	4		5	3

Puzzle 214

	4	1	6	3	
				5	4
6	1	3	2		
2		4		6	1
4	6	2		1	3
1	3	5		2	6

Puzzle 215

4	1	3	6	2	5
5	6		3	4	1
	3		5	1	6
		6	4	3	
3		5	1	6	4
	4				

Puzzle 216

5	4	3	1		6
1	6	2	4	3	
3	2	4	6		1
6		1		4	3
2		5		6	4
		6		1	2

Puzzle 217

3	1	6			2
5	4	2	3	1	6
1	6	3	2	5	4
2	5		6	3	
		1	4	2	
	2	5	1		

Puzzle 218

2		3	1	4	6
4		6			
3	2		4	6	1
6	4			5	
5	3	2	6	1	4
1	6		5	2	3

Puzzle 219

4		2		1	
3	1	6	4		2
5	6		2		1
	3	1		6	4
1	4	5		2	6
		3	1	4	5

Puzzle 220

		2	5	4	6
5	4	6			2
3		5	4		1
	2	1	6		5
2		4	1	6	3
	1	3			4

Puzzle 221

3			2		4
	4	5	3		1
	3	4	5	1	2
5	1	2	6	4	3
4	5			2	6
	2	6		3	5

Puzzle 222

3	1	5	6		2
6	2	4	1	5	
1	3	6	4	2	
			3	6	1
		3		1	4
2		1		3	6

Puzzle 223

		4	3		1
1	3	6	4	2	5
6	1		2	4	
2	4	3			
	6	2	1		4
4	5	1	6		

Puzzle 224

	6	1	2	5	
4	2	5	3	6	1
		6		2	
1	3	2	5	4	
6	5	3	4	1	2
2	1		6		5

Puzzle 225

3		1	5	4	
5	6	4		3	2
2	4	3	6		
6	1		3	2	
	3	2	4	6	5
4			2	1	3

Puzzle 226

5	3				6
6		2	1		5
1	5	4	2		3
	6	3		1	4
4	1			5	2
3	2	5	6	4	1

Puzzle 227

1	4	3	6	2	
	6	5		3	1
4	1		3		
5	3		1	6	4
	2	4			3
3	5	1		4	6

Puzzle 228

	5		1	2	3
1			5	6	4
3	1	5	2	4	6
2	6	4	3		5
5		1			2
6	2		4	5	

Puzzle 229

6		2			
5	4	1	6	3	2
	6	5	2		3
1	2			6	4
2	1	4	3		
	5		4	2	1

Puzzle 230

6	5	1	4		
3	4	2		6	
5					
1	3		2	5	6
4	1	5		3	2
2	6	3	5	1	4

Puzzle 231

4	3	2	6	1	5
5	1	6	2	4	3
1		5	3	6	2
	2		4		
2	6				
	5	4	1		

Puzzle 232

			2	3	6
		2	4	5	1
6		1		4	2
	4	3	6	1	5
1	2		5	6	3
5		6	1	2	4

Puzzle 233

	3		4	5	1
4			2	3	6
3		2	5	1	4
5	4			2	3
1	5	4	3		2
6			1		

Puzzle 234

1	5	3		2	4
			1	5	3
3	6	1	5	4	2
2	4		3	1	6
5	3				1
4		6	2		

Puzzle 235

	4	1	2	6	5
5	2			4	3
4	6	3	5	2	1
	1		4	3	6
		2		5	
6	5		3	1	2

Puzzle 236

2	4	3		1	6
	5	6		3	
		1		4	
4		5	3	6	1
3	6	2	1	5	4
5	1	4		2	3

Puzzle 237

4	5	1	2	3	6
6				1	4
1	6	4	3	2	
	3	2			
3	4	6			2
2	1	5	4		3

Puzzle 238

2	6	3		1	
		1	6	2	3
6	2	5	3	4	1
	1	4	2		6
1	3	2		6	5
4	5			3	

Puzzle 239

1	3	2	4	5	6
5		6	3	2	1
				3	4
3	6	4	2	1	5
	1	3	5		2
6		5	1	4	

Puzzle 240

3	2	5	6	4	
6		1	5	3	2
2	6	3	4	1	
		4	2		3
4	3	2	1		
5	1			2	

Puzzle 241

5	4	6		3	1
1	2	3	4	6	5
3	6				4
	1	4	3	5	
6	3			4	
4	5	2	6	1	3

Puzzle 242

	3	2	4	1	6
1	6			5	2
	2	5	1		3
			2	6	
2		1	6	3	4
3	4		5	2	1

Puzzle 243

	1	3	2	5	
6	2	5	4		
5	6			3	4
	4	1		2	5
	3	6		4	1
1	5	4	3	6	2

Puzzle 244

6		3	4	1	2
1	4	2	5	6	
		5	3		1
4	3	1	6	2	
	2			3	
3	1	6	2		

Puzzle 245

	6			1	5
	1	2	4	6	3
			6	2	4
	2	4		5	1
		6	5	4	2
2		5	1	3	6

Puzzle 246

	2	6	5	1	
	1	5	2	4	6
	6	4	3		1
1	3		6	5	
6	5	1	4	3	2
2		3			5

Puzzle 247

5	1			6	
	2	6	1	5	4
		3	6	2	
6	5	2			1
4	6	5	3	1	2
2	3	1	5	4	6

Puzzle 248

2	1				6
4	5	6	2	3	1
1		2	4		
3	4		6	1	2
	2	1	3	6	4
6	3		1	2	

Puzzle 249

	3	5	6		1
1		2	3	4	5
3	4	6	5	1	
2	5	1	4	3	6
6		3	2		
5	2			6	

Puzzle 250

4	2	5	6	1	3
1	3	6	4	2	5
2		3		6	
	6	1			2
3		4			6
6	5	2			4

Puzzle 251

2	6	1		3	5
4	3	5	6		2
3		6		2	4
5	2		1	6	
	5	3	2		6
6	4			5	1

Puzzle 252

3	1	4	2	5	
2	6			3	4
	5		4	1	3
4		1	6		5
5	2	6	3	4	
1				6	2

Puzzle 253

3	1	6	2	4	
		2	6		1
	3			2	6
6	2		3	1	4
	6	3		5	2
2	5	1	4	6	3

Puzzle 254

1	3		2		4
5	4		3	1	
	6	3	1	4	5
	5	1	6	2	3
		4	5	6	1
6	1	5	4		2

Puzzle 255

5	1	6		4	3
4	2	3	5	6	
	5	2	6	3	4
	6	4		5	
2	4	5			6
6	3	1	4	2	

Puzzle 256

1	2	6		3	5
5		3			
	1	5	3	2	4
4	3			5	1
2	5			6	3
3	6	1	5	4	2

Puzzle 257

2	6		5		1
3	5	1	4		2
6					3
1	3	2	6	4	5
	2	3	1	5	6
5	1	6		2	

Puzzle 258

1	2	3	6	5	4
	4	5	1	3	2
2					
5		1	2	4	6
4		6	5	2	3
	5	2		6	1

Puzzle 259

5		4	3	2	
3		2	1		5
6	3	5	2	1	4
2	4			6	
1	5		4	3	2
	2		6		1

Puzzle 260

6		5	3		1
1	4			6	2
	5	2		3	6
3	6	1	2		4
2		4	6	1	
5	1	6	4	2	

Puzzle 261

	5	2	4	6	
		3		5	2
4	2	6	5	3	1
	1	5	2		6
				1	5
5	3	1	6	2	4

Puzzle 262

5	1	4	3	6	2
3	6		1		
		1	2	4	5
		5	6	3	1
1	5	3		2	6
2	4		5	1	

Puzzle 263

	6		4	3	
3	4	5	2	6	
4	3	6	1	5	2
2	5	1	6		3
	1	3		2	
	2		3	1	

Puzzle 264

3	1	5	6		
4		6		5	
5	3		4	6	2
	4	2	1	3	
2	6	4	5		3
1		3	2		6

Puzzle 265

5		1		4	6
2	6		5	1	
1	4	5	6		2
	2	6	4	5	1
	1	2	3	6	5
	5	3		2	

Puzzle 266

6	2	3	4	1	
5		4	6	2	
	6	1		4	
	4	5	3	6	1
1	3		2	5	4
	5		1	3	6

Puzzle 267

3	6	5		2	4
	4	1	3	5	6
6	5	4			1
1	3	2	4	6	5
5			6	4	2
	2	6			3

Puzzle 268

4		3	1		2
	2	1	3		5
3	1	2		5	6
	6	4	2		1
		6	5		3
2		5	6	1	4

Puzzle 269

	5	2	3	6	
6	1	3	2		
2		4	6	1	5
1	6			3	2
3			5	4	6
5		6	1	2	

Puzzle 270

	6		4	3	1
4		3	5	6	
6	5	1	2	4	3
3	2	4	6		5
	4	5	3		6
	3	6	1		

Puzzle 271

	4	1		5	2
5	6			4	
1			4	6	
4		6	1	2	5
6	5	3	2	1	4
2	1	4	5	3	6

Puzzle 272

	1			5	3
5	4	3			
	6	5	3		1
3		1	5	4	6
1	3	4	2	6	5
2	5		1	3	4

Puzzle 273

4	6	5	2		1
1	3	2			
5	2				4
6	4	3		5	2
2		6	4	1	
3	1	4	5	2	6

Puzzle 274

	2	1		4	3
	3	4	2	1	5
4	1	5	3	2	6
	6	2	1	5	4
	4		5		
2			6	4	3

Puzzle 275

	3	4	1	5	6
1		5	4	2	3
	5		2	6	
6		2	5	3	
	2	1		4	5
5	4		3	1	2

Puzzle 276

5	1	4		3	2
3	6	2	5	4	1
6	5		2	1	4
2	4		3	5	
					5
1	2		4		3

Puzzle 277

6	2			4	1
3		1		5	6
		2	4		3
	3	4	5	6	2
2			1	3	4
4	1	3	6		5

Puzzle 278

3	2	5	4	6	1
6	1	4	2	5	3
4		2	3		5
		1		4	2
1	4		5		
2	5		1		

Puzzle 279

4		5	2	3	
1	3	2	5		6
6		3	1	2	4
2		4			3
3	2	6		1	5
5	4		3		2

Puzzle 280

	4	5	2		3
2			4		6
1	6		5		
5	2	3			4
3	1	2	6	4	5
	5	6	3		1

Puzzle 281

3		6	1	4	2
1		4			6
	6	5	2	1	3
2		1	4	6	5
6	1	2	5		
		3	6		1

Puzzle 282

3	1	4	5	6	
	6	2		3	4
	3		2	1	
	2				5
2	4	3	6	5	
1	5		4	2	3

Puzzle 283

1	5	6	2	3	
4		2	1	5	6
	1		4	2	5
2	4	5		1	3
	6	1	3		2
3			5		

Puzzle 284

6	1	3	4	2	
5	4		3		1
1	3	4	6		2
2	6	5	1	3	4
				4	6
	2	6		1	3

Puzzle 285

6	3	5	4	1	2
2		1		3	5
3	5		2	4	1
1	2	4			3
4				5	6
5			1	2	4

Puzzle 286

	6	1	5		2
		5	4	1	6
2			6	5	1
1		6		4	
5	1	2	3		4
	4	3		2	5

Puzzle 287

1	6	4	3		
	2	3	1	6	4
4	5		6	3	1
6	3	1	4	2	
2	1			4	
	4	5	2		6

Puzzle 288

2	5	6	1		3
4	1	3		2	
6	4				5
5	3	1	2		4
			4	3	2
3	2	4	6	5	1

Puzzle 289

		5	6		4
4	2	6	5	3	
2	5		3	4	6
6	4	3	2		5
1		2	4	5	3
5	3	4		6	

Puzzle 290

2	4	5	6	1	3
	1	6	4		5
		1	3		
6	3			5	2
1	5	3		4	6
4	6		5		

Puzzle 291

4	1	6			3
		5		6	
1			2	4	6
6		2	3	1	
2	3	4	6	5	
5	6	1	4	3	2

Puzzle 292

		2		5	1
6	1		3	4	2
1	2	4			
5	3	6	2	1	4
2	5	1	4	6	3
4	6	3	1		

Puzzle 293

	4		2	3	6
3	6	2			4
6	2	5		4	1
1	3		5	6	2
2		6	4		
	1	3	6	2	5

Puzzle 294

	4	3	6		5
6	2	5	4	1	3
4	6				2
3	5	2	1	4	6
5		4			1
2	1		3		4

Puzzle 295

	5	6	1	2	
1		2		6	5
2		1		4	3
4		5	2	1	
	1	4	6	3	2
6		3	4		

Puzzle 296

5	1	3	2	6	4
2	4			3	5
3	6	5		2	1
1	2	4	6	5	
4	3	2			6
		1			2

Puzzle 297

		1		5	3
3		5	4	2	1
		6		4	2
5			1	3	6
2	1		3	6	5
6	5		2		4

Puzzle 298

3	6	5	4	2	1
		2	5		3
6	3	1	2		
5	2	4	1	3	6
1	4	3			
	5			1	4

Puzzle 299

6	2		5		1
3	1			6	
1	3	6		4	5
4			3	1	6
5			1	2	
2	4	1		5	3

Puzzle 300

3			2	4	
	4	6	1	2	3
6	3	1	2	5	
		5	6	3	1
2	5	4	3	1	
	6	3		4	2

Puzzle 1

4	1	3	5	2	6
2	6	5	3	4	1
1	3	6	4	5	2
5	4	2	1	6	3
6	5	1	2	3	4
3	2	4	6	1	5

Puzzle 2

2	1	6	3	4	5
4	3	5	6	2	1
1	6	2	5	3	4
5	4	3	1	6	2
6	2	1	4	5	3
3	5	4	2	1	6

Puzzle 3

2	1	5	4	3	6
6	4	3	2	1	5
4	6	2	3	5	1
5	3	1	6	4	2
1	2	4	5	6	3
3	5	6	1	2	4

Puzzle 4

2	4	3	5	6	1
6	1	5	3	4	2
1	3	2	6	5	4
4	5	6	1	2	3
3	6	4	2	1	5
5	2	1	4	3	6

Puzzle 5

1	5	3	2	4	6
2	4	6	5	1	3
6	3	5	4	2	1
4	2	1	3	6	5
5	1	4	6	3	2
3	6	2	1	5	4

Puzzle 6

4	3	6	1	2	5
5	1	2	6	3	4
1	5	4	3	6	2
2	6	3	5	4	1
3	2	1	4	5	6
6	4	5	2	1	3

Puzzle 7

1	4	2	6	3	5
3	5	6	1	4	2
5	2	4	3	6	1
6	1	3	5	2	4
2	3	1	4	5	6
4	6	5	2	1	3

Puzzle 8

4	6	5	2	1	3
3	1	2	6	4	5
1	2	4	5	3	6
5	3	6	1	2	4
6	4	1	3	5	2
2	5	3	4	6	1

Puzzle 9

5	6	4	3	2	1
3	2	1	4	6	5
4	3	6	1	5	2
2	1	5	6	3	4
1	5	3	2	4	6
6	4	2	5	1	3

Puzzle 10

6	3	4	5	2	1
5	2	1	6	4	3
2	4	3	1	6	5
1	5	6	4	3	2
4	1	2	3	5	6
3	6	5	2	1	4

Puzzle 11

4	3	2	1	5	6
1	5	6	2	3	4
6	4	3	5	1	2
5	2	1	6	4	3
3	6	5	4	2	1
2	1	4	3	6	5

Puzzle 12

4	5	1	6	2	3
2	6	3	5	1	4
5	3	4	2	6	1
1	2	6	3	4	5
6	4	5	1	3	2
3	1	2	4	5	6

Puzzle 13

5	2	4	6	3	1
6	1	3	5	2	4
3	6	1	2	4	5
4	5	2	1	6	3
1	3	6	4	5	2
2	4	5	3	1	6

Puzzle 14

3	6	4	5	2	1
2	1	5	6	4	3
5	4	1	2	3	6
6	2	3	1	5	4
4	5	6	3	1	2
1	3	2	4	6	5

Puzzle 15

6	5	4	2	3	1
1	2	3	4	5	6
4	1	6	3	2	5
2	3	5	6	1	4
3	6	1	5	4	2
5	4	2	1	6	3

Puzzle 16

5	2	1	6	4	3
3	6	4	5	2	1
4	3	5	1	6	2
2	1	6	3	5	4
1	5	2	4	3	6
6	4	3	2	1	5

Puzzle 17

5	6	1	4	3	2
3	2	4	6	1	5
6	4	5	1	2	3
2	1	3	5	4	6
1	3	6	2	5	4
4	5	2	3	6	1

Puzzle 18

2	6	5	4	1	3
4	3	1	5	2	6
6	5	2	3	4	1
1	4	3	2	6	5
3	2	6	1	5	4
5	1	4	6	3	2

Puzzle 19

3	5	4	2	1	6
1	2	6	5	4	3
6	1	5	4	3	2
2	4	3	6	5	1
4	3	2	1	6	5
5	6	1	3	2	4

Puzzle 20

2	1	5	6	3	4
3	4	6	5	2	1
1	2	3	4	5	6
5	6	4	2	1	3
4	3	2	1	6	5
6	5	1	3	4	2

Puzzle 21

3	1	4	5	2	6
2	6	5	4	1	3
6	4	1	2	3	5
5	3	2	1	6	4
1	5	3	6	4	2
4	2	6	3	5	1

Puzzle 22

5	3	2	4	6	1
1	4	6	5	2	3
3	1	5	6	4	2
6	2	4	1	3	5
4	5	3	2	1	6
2	6	1	3	5	4

Puzzle 23

3	4	6	1	2	5
5	2	1	4	3	6
2	3	5	6	4	1
6	1	4	2	5	3
4	6	3	5	1	2
1	5	2	3	6	4

Puzzle 24

3	5	2	4	6	1
1	4	6	5	2	3
5	1	3	2	4	6
6	2	4	1	3	5
4	3	1	6	5	2
2	6	5	3	1	4

Puzzle 25

6	4	3	1	5	2
1	5	2	6	4	3
5	2	1	3	6	4
3	6	4	2	1	5
4	3	6	5	2	1
2	1	5	4	3	6

Puzzle 26

2	4	6	1	3	5
3	1	5	4	2	6
6	2	3	5	4	1
4	5	1	2	6	3
1	3	4	6	5	2
5	6	2	3	1	4

Puzzle 27

5	6	3	2	1	4
1	2	4	6	3	5
4	1	5	3	6	2
6	3	2	4	5	1
2	5	6	1	4	3
3	4	1	5	2	6

Puzzle 28

1	5	2	4	3	6
3	4	6	1	2	5
2	3	4	6	5	1
5	6	1	2	4	3
4	1	3	5	6	2
6	2	5	3	1	4

Puzzle 29

3	6	4	1	5	2
5	2	1	3	4	6
4	3	6	5	2	1
1	5	2	6	3	4
6	4	3	2	1	5
2	1	5	4	6	3

Puzzle 30

2	1	4	5	6	3
5	6	3	1	4	2
1	3	2	4	5	6
4	5	6	2	3	1
6	2	5	3	1	4
3	4	1	6	2	5

Puzzle 31

3	2	5	4	6	1
6	4	1	5	2	3
2	3	6	1	4	5
5	1	4	6	3	2
4	5	3	2	1	6
1	6	2	3	5	4

Puzzle 32

5	3	6	1	2	4
1	4	2	5	3	6
3	2	4	6	1	5
6	1	5	2	4	3
4	5	1	3	6	2
2	6	3	4	5	1

Puzzle 33

1	3	6	5	2	4
4	5	2	3	6	1
6	4	5	1	3	2
3	2	1	4	5	6
5	6	4	2	1	3
2	1	3	6	4	5

Puzzle 34

3	4	1	6	2	5
6	5	2	4	1	3
1	3	4	2	5	6
2	6	5	3	4	1
4	1	3	5	6	2
5	2	6	1	3	4

Puzzle 35

2	4	1	5	3	6
3	5	6	1	2	4
5	2	4	3	6	1
1	6	3	2	4	5
4	3	5	6	1	2
6	1	2	4	5	3

Puzzle 36

2	4	6	1	3	5
3	5	1	2	6	4
6	1	2	5	4	3
5	3	4	6	1	2
4	6	5	3	2	1
1	2	3	4	5	6

Puzzle 37

1	5	2	4	6	3
3	6	4	5	2	1
6	1	3	2	5	4
2	4	5	3	1	6
5	3	1	6	4	2
4	2	6	1	3	5

Puzzle 38

1	5	4	6	3	2
3	2	6	4	1	5
6	3	1	2	5	4
5	4	2	1	6	3
4	1	5	3	2	6
2	6	3	5	4	1

Puzzle 39

6	4	1	5	2	3
3	2	5	1	6	4
2	6	4	3	1	5
5	1	3	2	4	6
1	3	6	4	5	2
4	5	2	6	3	1

Puzzle 40

4	1	5	2	6	3
6	3	2	5	1	4
5	2	3	6	4	1
1	6	4	3	2	5
2	5	1	4	3	6
3	4	6	1	5	2

Puzzle 41

3	2	5	1	6	4
6	1	4	2	5	3
2	4	1	6	3	5
5	6	3	4	2	1
4	5	2	3	1	6
1	3	6	5	4	2

Puzzle 42

4	5	2	6	3	1
3	6	1	5	4	2
5	3	6	2	1	4
2	1	4	3	5	6
6	4	3	1	2	5
1	2	5	4	6	3

Puzzle 43

2	1	5	6	4	3
6	3	4	1	2	5
5	4	3	2	6	1
1	6	2	3	5	4
3	5	6	4	1	2
4	2	1	5	3	6

Puzzle 44

2	6	4	3	5	1
1	3	5	6	2	4
6	4	3	5	1	2
5	1	2	4	6	3
4	2	6	1	3	5
3	5	1	2	4	6

Puzzle 45

2	4	6	5	1	3
1	3	5	4	6	2
6	2	1	3	5	4
4	5	3	1	2	6
3	1	2	6	4	5
5	6	4	2	3	1

Puzzle 46

3	5	6	1	4	2
2	1	4	3	6	5
5	2	1	4	3	6
6	4	3	5	2	1
1	3	2	6	5	4
4	6	5	2	1	3

Puzzle 47

1	4	5	6	2	3
6	3	2	1	5	4
5	6	1	4	3	2
4	2	3	5	6	1
3	5	4	2	1	6
2	1	6	3	4	5

Puzzle 48

4	3	2	5	6	1
6	1	5	4	3	2
3	4	6	1	2	5
5	2	1	6	4	3
1	6	3	2	5	4
2	5	4	3	1	6

Puzzle 49

4	1	6	3	2	5
2	3	5	1	4	6
5	4	2	6	3	1
3	6	1	4	5	2
1	5	3	2	6	4
6	2	4	5	1	3

Puzzle 50

5	2	3	1	6	4
1	4	6	3	2	5
6	5	2	4	3	1
3	1	4	6	5	2
2	6	1	5	4	3
4	3	5	2	1	6

Puzzle 51

6	5	3	2	4	1
4	2	1	5	3	6
3	1	6	4	2	5
2	4	5	1	6	3
5	6	2	3	1	4
1	3	4	6	5	2

Puzzle 52

2	6	5	4	1	3
4	1	3	5	6	2
6	2	1	3	5	4
3	5	4	1	2	6
1	4	2	6	3	5
5	3	6	2	4	1

Puzzle 53

2	6	3	5	1	4
4	5	1	3	2	6
1	4	2	6	5	3
5	3	6	2	4	1
3	2	4	1	6	5
6	1	5	4	3	2

Puzzle 54

6	4	3	5	1	2
1	5	2	3	6	4
2	3	6	1	4	5
5	1	4	2	3	6
4	2	1	6	5	3
3	6	5	4	2	1

Puzzle 55

3	2	6	5	1	4
5	4	1	6	3	2
1	3	2	4	6	5
6	5	4	1	2	3
2	1	5	3	4	6
4	6	3	2	5	1

Puzzle 56

6	5	4	3	2	1
1	3	2	6	4	5
5	2	6	1	3	4
4	1	3	5	6	2
3	4	5	2	1	6
2	6	1	4	5	3

Puzzle 57

4	1	3	6	2	5
5	6	2	4	3	1
6	3	4	1	5	2
1	2	5	3	6	4
3	5	1	2	4	6
2	4	6	5	1	3

Puzzle 58

1	5	6	4	3	2
2	3	4	6	5	1
6	1	2	3	4	5
5	4	3	2	1	6
3	2	1	5	6	4
4	6	5	1	2	3

Puzzle 59

1	6	2	3	5	4
4	5	3	1	2	6
3	1	4	2	6	5
6	2	5	4	3	1
5	3	1	6	4	2
2	4	6	5	1	3

Puzzle 60

5	6	3	4	2	1
2	1	4	5	3	6
3	2	1	6	5	4
6	4	5	2	1	3
1	5	6	3	4	2
4	3	2	1	6	5

Puzzle 61

3	1	5	4	6	2
6	2	4	5	1	3
4	6	2	3	5	1
1	5	3	2	4	6
5	3	6	1	2	4
2	4	1	6	3	5

Puzzle 62

2	6	4	5	1	3
1	5	3	2	4	6
6	2	5	1	3	4
4	3	1	6	5	2
5	4	2	3	6	1
3	1	6	4	2	5

Puzzle 63

5	6	4	2	1	3
3	1	2	4	5	6
1	4	3	5	6	2
6	2	5	3	4	1
2	5	1	6	3	4
4	3	6	1	2	5

Puzzle 64

3	6	4	2	1	5
2	5	1	4	3	6
5	3	6	1	4	2
4	1	2	6	5	3
6	4	3	5	2	1
1	2	5	3	6	4

Puzzle 65

6	3	2	1	4	5
4	5	1	3	6	2
5	2	6	4	3	1
1	4	3	5	2	6
2	1	4	6	5	3
3	6	5	2	1	4

Puzzle 66

1	2	6	3	5	4
5	3	4	2	1	6
6	4	1	5	2	3
3	5	2	6	4	1
4	6	5	1	3	2
2	1	3	4	6	5

Puzzle 67

4	5	3	1	6	2
1	6	2	3	4	5
5	3	6	2	1	4
2	1	4	5	3	6
3	4	5	6	2	1
6	2	1	4	5	3

Puzzle 68

4	5	2	6	1	3
6	3	1	4	5	2
2	4	3	1	6	5
1	6	5	2	3	4
5	2	6	3	4	1
3	1	4	5	2	6

Puzzle 69

2	5	4	1	3	6
1	3	6	4	2	5
6	2	1	5	4	3
3	4	5	6	1	2
5	1	2	3	6	4
4	6	3	2	5	1

Puzzle 70

1	4	6	2	3	5
3	2	5	1	6	4
2	6	4	5	1	3
5	3	1	6	4	2
4	1	2	3	5	6
6	5	3	4	2	1

Puzzle 71

6	5	2	3	1	4
3	4	1	2	5	6
4	1	3	6	2	5
2	6	5	4	3	1
5	3	4	1	6	2
1	2	6	5	4	3

Puzzle 72

5	1	6	2	3	4
3	2	4	1	6	5
2	5	1	3	4	6
4	6	3	5	1	2
6	3	5	4	2	1
1	4	2	6	5	3

Puzzle 73

4	6	1	5	3	2
3	5	2	6	1	4
2	1	6	3	4	5
5	4	3	2	6	1
6	2	4	1	5	3
1	3	5	4	2	6

Puzzle 74

2	1	5	6	3	4
3	6	4	1	2	5
5	4	2	3	6	1
1	3	6	4	5	2
4	5	3	2	1	6
6	2	1	5	4	3

Puzzle 75

6	4	3	2	5	1
1	5	2	3	6	4
5	6	1	4	3	2
2	3	4	6	1	5
4	1	6	5	2	3
3	2	5	1	4	6

Puzzle 76

3	6	4	1	2	5
2	5	1	6	3	4
5	3	6	2	4	1
1	4	2	5	6	3
4	2	5	3	1	6
6	1	3	4	5	2

Puzzle 77

4	6	1	5	2	3
3	5	2	1	4	6
1	2	6	3	5	4
5	4	3	6	1	2
6	1	4	2	3	5
2	3	5	4	6	1

Puzzle 78

6	2	1	5	3	4
4	3	5	6	2	1
5	1	2	4	6	3
3	4	6	2	1	5
2	5	3	1	4	6
1	6	4	3	5	2

Puzzle 79

2	5	3	4	6	1
1	4	6	5	2	3
6	1	4	2	3	5
3	2	5	1	4	6
5	3	2	6	1	4
4	6	1	3	5	2

Puzzle 80

2	5	3	4	1	6
6	1	4	5	2	3
1	2	5	3	6	4
3	4	6	1	5	2
5	3	2	6	4	1
4	6	1	2	3	5

Puzzle 81

3	1	4	5	2	6
2	5	6	3	4	1
1	6	2	4	5	3
4	3	5	6	1	2
5	2	3	1	6	4
6	4	1	2	3	5

Puzzle 82

5	2	4	1	6	3
3	1	6	5	2	4
1	5	3	6	4	2
6	4	2	3	1	5
2	6	5	4	3	1
4	3	1	2	5	6

Puzzle 83

1	5	3	2	4	6
4	6	2	5	3	1
2	4	6	1	5	3
5	3	1	6	2	4
3	1	5	4	6	2
6	2	4	3	1	5

Puzzle 84

6	3	1	2	4	5
5	2	4	6	1	3
3	4	5	1	6	2
1	6	2	3	5	4
4	1	3	5	2	6
2	5	6	4	3	1

Puzzle 85

1	3	2	5	6	4
5	4	6	1	2	3
4	6	1	2	3	5
2	5	3	4	1	6
3	1	4	6	5	2
6	2	5	3	4	1

Puzzle 86

1	3	2	6	4	5
6	4	5	2	3	1
3	5	4	1	2	6
2	1	6	3	5	4
4	6	3	5	1	2
5	2	1	4	6	3

Puzzle 87

5	6	1	4	3	2
3	2	4	6	5	1
6	1	5	2	4	3
4	3	2	1	6	5
2	4	3	5	1	6
1	5	6	3	2	4

Puzzle 88

5	6	3	4	2	1
1	2	4	6	3	5
2	4	1	3	5	6
3	5	6	1	4	2
6	3	5	2	1	4
4	1	2	5	6	3

Puzzle 89

1	6	3	5	2	4
5	4	2	6	3	1
4	1	5	2	6	3
3	2	6	4	1	5
6	5	1	3	4	2
2	3	4	1	5	6

Puzzle 90

3	5	4	2	1	6
1	6	2	4	3	5
4	2	3	5	6	1
5	1	6	3	4	2
6	4	5	1	2	3
2	3	1	6	5	4

Puzzle 91

3	6	5	4	2	1
4	2	1	6	5	3
1	4	6	5	3	2
5	3	2	1	4	6
6	5	3	2	1	4
2	1	4	3	6	5

Puzzle 92

2	4	6	1	3	5
5	1	3	4	2	6
1	5	2	6	4	3
3	6	4	2	5	1
4	3	1	5	6	2
6	2	5	3	1	4

Puzzle 93

2	5	3	6	1	4
4	6	1	3	5	2
6	3	2	5	4	1
5	1	4	2	6	3
3	4	5	1	2	6
1	2	6	4	3	5

Puzzle 94

2	4	6	5	3	1
3	5	1	2	6	4
1	2	4	3	5	6
6	3	5	1	4	2
4	1	3	6	2	5
5	6	2	4	1	3

Puzzle 95

6	1	5	2	4	3
2	4	3	1	6	5
5	3	6	4	2	1
1	2	4	3	5	6
3	6	2	5	1	4
4	5	1	6	3	2

Puzzle 96

2	4	3	1	6	5
1	5	6	2	3	4
4	1	2	3	5	6
6	3	5	4	2	1
3	6	4	5	1	2
5	2	1	6	4	3

Puzzle 97

4	6	1	5	2	3
2	3	5	1	6	4
3	2	4	6	5	1
5	1	6	4	3	2
6	4	2	3	1	5
1	5	3	2	4	6

Puzzle 98

2	5	6	4	1	3
1	4	3	6	2	5
3	6	5	2	4	1
4	1	2	5	3	6
6	2	1	3	5	4
5	3	4	1	6	2

Puzzle 99

3	6	5	4	2	1
1	2	4	6	3	5
6	3	2	5	1	4
4	5	1	3	6	2
5	1	6	2	4	3
2	4	3	1	5	6

Puzzle 100

5	4	1	6	2	3
6	3	2	4	5	1
3	2	5	1	6	4
4	1	6	2	3	5
1	6	3	5	4	2
2	5	4	3	1	6

Puzzle 101

4	1	5	6	3	2
3	6	2	4	5	1
2	4	3	1	6	5
6	5	1	3	2	4
5	3	4	2	1	6
1	2	6	5	4	3

Puzzle 102

3	4	1	2	6	5
6	2	5	4	3	1
1	6	2	5	4	3
5	3	4	1	2	6
4	5	6	3	1	2
2	1	3	6	5	4

Puzzle 103

1	2	6	4	3	5
4	5	3	2	1	6
6	1	4	5	2	3
5	3	2	6	4	1
3	4	5	1	6	2
2	6	1	3	5	4

Puzzle 104

3	6	4	2	1	5
2	5	1	3	4	6
6	3	5	1	2	4
1	4	2	6	5	3
4	2	6	5	3	1
5	1	3	4	6	2

Puzzle 105

2	1	5	6	3	4
4	6	3	5	1	2
1	3	6	4	2	5
5	4	2	1	6	3
6	2	4	3	5	1
3	5	1	2	4	6

Puzzle 106

5	1	4	6	2	3
6	3	2	4	1	5
2	4	3	1	5	6
1	6	5	2	3	4
3	2	6	5	4	1
4	5	1	3	6	2

Puzzle 107

6	5	2	1	3	4
1	4	3	5	6	2
4	3	5	2	1	6
2	6	1	3	4	5
5	1	4	6	2	3
3	2	6	4	5	1

Puzzle 108

3	6	4	5	2	1
2	1	5	6	3	4
1	5	2	4	6	3
6	4	3	1	5	2
4	3	6	2	1	5
5	2	1	3	4	6

Puzzle 109

1	2	5	4	3	6
4	6	3	1	2	5
6	5	2	3	4	1
3	1	4	6	5	2
5	3	6	2	1	4
2	4	1	5	6	3

Puzzle 110

3	5	1	2	4	6
2	4	6	5	3	1
1	3	2	6	5	4
5	6	4	3	1	2
4	2	3	1	6	5
6	1	5	4	2	3

Puzzle 111

1	2	5	3	6	4
6	4	3	2	5	1
4	3	1	6	2	5
2	5	6	1	4	3
5	1	2	4	3	6
3	6	4	5	1	2

Puzzle 112

5	3	6	2	1	4
2	4	1	6	5	3
3	1	2	4	6	5
4	6	5	3	2	1
6	5	3	1	4	2
1	2	4	5	3	6

Puzzle 113

1	2	3	4	5	6
6	4	5	2	3	1
4	1	2	5	6	3
3	5	6	1	2	4
2	6	1	3	4	5
5	3	4	6	1	2

Puzzle 114

4	3	6	1	5	2
5	1	2	4	6	3
6	2	3	5	1	4
1	5	4	3	2	6
2	4	5	6	3	1
3	6	1	2	4	5

Puzzle 115

3	2	5	1	4	6
1	6	4	5	3	2
2	5	6	4	1	3
4	1	3	2	6	5
5	3	1	6	2	4
6	4	2	3	5	1

Puzzle 116

6	2	4	3	1	5
1	3	5	4	6	2
4	6	3	5	2	1
5	1	2	6	3	4
3	4	1	2	5	6
2	5	6	1	4	3

Puzzle 117

5	4	1	6	2	3
2	6	3	1	4	5
4	3	2	5	6	1
6	1	5	2	3	4
1	2	4	3	5	6
3	5	6	4	1	2

Puzzle 118

1	4	6	2	3	5
2	5	3	4	6	1
6	3	5	1	4	2
4	1	2	3	5	6
5	2	4	6	1	3
3	6	1	5	2	4

Puzzle 119

6	4	5	1	3	2
3	1	2	4	5	6
1	3	6	2	4	5
2	5	4	6	1	3
4	2	3	5	6	1
5	6	1	3	2	4

Puzzle 120

5	1	2	4	3	6
4	3	6	5	2	1
2	5	4	6	1	3
1	6	3	2	4	5
6	2	1	3	5	4
3	4	5	1	6	2

2	5	3	4	6	1
6	1	4	3	2	5
5	3	6	1	4	2
1	4	2	5	3	6
4	2	1	6	5	3
3	6	5	2	1	4

6	3	5	1	2	4
4	1	2	6	3	5
5	2	1	4	6	3
3	4	6	5	1	2
2	6	4	3	5	1
1	5	3	2	4	6

5	1	4	2	6	3
2	6	3	1	5	4
1	2	5	3	4	6
3	4	6	5	2	1
4	5	1	6	3	2
6	3	2	4	1	5

3	2	6	1	5	4
5	4	1	6	2	3
4	6	5	3	1	2
1	3	2	5	4	6
2	5	3	4	6	1
6	1	4	2	3	5

3	5	6	4	1	2
4	1	2	5	6	3
2	3	1	6	4	5
5	6	4	3	2	1
6	2	5	1	3	4
1	4	3	2	5	6

4	2	3	1	6	5
1	5	6	2	3	4
2	4	1	3	5	6
6	3	5	4	1	2
5	1	4	6	2	3
3	6	2	5	4	1

2	4	3	1	6	5
5	1	6	3	4	2
1	5	2	4	3	6
6	3	4	2	5	1
3	6	1	5	2	4
4	2	5	6	1	3

5	3	4	2	1	6
2	6	1	3	4	5
1	5	6	4	3	2
3	4	2	6	5	1
4	2	5	1	6	3
6	1	3	5	2	4

Puzzle 129

3	1	5	2	4	6
4	2	6	3	5	1
1	3	2	5	6	4
6	5	4	1	2	3
2	4	1	6	3	5
5	6	3	4	1	2

Puzzle 130

1	6	3	5	4	2
5	4	2	6	1	3
2	1	6	3	5	4
3	5	4	2	6	1
6	2	1	4	3	5
4	3	5	1	2	6

Puzzle 131

5	1	4	2	3	6
6	3	2	5	4	1
4	6	3	1	2	5
2	5	1	3	6	4
1	2	6	4	5	3
3	4	5	6	1	2

Puzzle 132

1	3	6	2	4	5
5	4	2	3	1	6
6	5	1	4	3	2
3	2	4	5	6	1
4	1	5	6	2	3
2	6	3	1	5	4

Puzzle 133

5	3	6	1	2	4
4	2	1	5	6	3
3	6	4	2	1	5
2	1	5	3	4	6
1	4	3	6	5	2
6	5	2	4	3	1

Puzzle 134

2	5	6	4	1	3
3	1	4	2	6	5
5	4	3	1	2	6
1	6	2	3	5	4
6	3	1	5	4	2
4	2	5	6	3	1

Puzzle 135

3	1	2	4	5	6
5	6	4	1	3	2
4	2	5	3	6	1
6	3	1	2	4	5
1	4	6	5	2	3
2	5	3	6	1	4

Puzzle 136

3	5	1	6	2	4
2	4	6	5	3	1
4	3	5	1	6	2
1	6	2	4	5	3
6	2	4	3	1	5
5	1	3	2	4	6

Puzzle 137

1	6	2	3	4	5
3	4	5	1	6	2
2	3	1	4	5	6
4	5	6	2	1	3
6	1	3	5	2	4
5	2	4	6	3	1

Puzzle 138

4	2	1	5	6	3
5	6	3	4	1	2
3	5	2	1	4	6
6	1	4	3	2	5
2	4	5	6	3	1
1	3	6	2	5	4

Puzzle 139

2	4	6	3	1	5
5	1	3	4	6	2
4	2	5	1	3	6
3	6	1	2	5	4
6	3	2	5	4	1
1	5	4	6	2	3

Puzzle 140

3	6	1	5	2	4
5	4	2	6	1	3
2	1	3	4	6	5
4	5	6	2	3	1
6	3	5	1	4	2
1	2	4	3	5	6

Puzzle 141

5	6	4	2	1	3
3	2	1	6	4	5
6	4	2	3	5	1
1	5	3	4	6	2
2	1	6	5	3	4
4	3	5	1	2	6

Puzzle 142

6	3	2	5	4	1
4	1	5	2	6	3
5	4	1	3	2	6
2	6	3	1	5	4
1	2	4	6	3	5
3	5	6	4	1	2

Puzzle 143

5	3	1	2	6	4
2	6	4	3	1	5
4	2	3	1	5	6
1	5	6	4	2	3
3	1	5	6	4	2
6	4	2	5	3	1

Puzzle 144

2	1	3	6	5	4
4	5	6	1	2	3
1	2	4	3	6	5
6	3	5	4	1	2
5	4	1	2	3	6
3	6	2	5	4	1

Puzzle 145

4	2	5	6	3	1
1	6	3	2	4	5
2	3	1	5	6	4
5	4	6	3	1	2
3	5	4	1	2	6
6	1	2	4	5	3

Puzzle 146

4	6	1	5	2	3
2	5	3	6	1	4
5	3	6	1	4	2
1	2	4	3	6	5
6	4	5	2	3	1
3	1	2	4	5	6

Puzzle 147

5	2	3	1	4	6
1	4	6	3	5	2
3	1	4	2	6	5
6	5	2	4	3	1
2	3	5	6	1	4
4	6	1	5	2	3

Puzzle 148

4	5	3	1	6	2
2	1	6	5	4	3
5	3	2	6	1	4
1	6	4	3	2	5
3	2	1	4	5	6
6	4	5	2	3	1

Puzzle 149

2	4	1	6	3	5
5	6	3	1	2	4
4	3	2	5	6	1
1	5	6	3	4	2
3	2	5	4	1	6
6	1	4	2	5	3

Puzzle 150

2	4	5	6	3	1
6	3	1	2	4	5
5	6	4	1	2	3
3	1	2	5	6	4
4	5	6	3	1	2
1	2	3	4	5	6

Puzzle 151

4	1	3	6	2	5
6	5	2	1	4	3
5	2	6	3	1	4
3	4	1	5	6	2
2	6	5	4	3	1
1	3	4	2	5	6

Puzzle 152

5	4	1	3	6	2
2	3	6	1	4	5
6	5	4	2	3	1
1	2	3	4	5	6
3	1	5	6	2	4
4	6	2	5	1	3

Puzzle 153

6	1	3	4	5	2
4	5	2	1	3	6
2	6	4	5	1	3
1	3	5	2	6	4
3	4	1	6	2	5
5	2	6	3	4	1

Puzzle 154

6	2	4	3	5	1
3	5	1	6	4	2
5	1	2	4	3	6
4	3	6	2	1	5
1	6	3	5	2	4
2	4	5	1	6	3

Puzzle 155

3	6	4	1	5	2
1	5	2	4	6	3
5	2	1	3	4	6
4	3	6	5	2	1
6	1	5	2	3	4
2	4	3	6	1	5

Puzzle 156

6	2	5	3	1	4
1	4	3	6	2	5
4	1	2	5	6	3
5	3	6	2	4	1
2	5	1	4	3	6
3	6	4	1	5	2

Puzzle 157

6	1	4	2	3	5
2	3	5	6	4	1
4	6	1	3	5	2
5	2	3	4	1	6
1	4	2	5	6	3
3	5	6	1	2	4

Puzzle 158

1	3	6	2	4	5
2	5	4	3	1	6
4	2	5	1	6	3
3	6	1	5	2	4
5	4	2	6	3	1
6	1	3	4	5	2

Puzzle 159

6	5	4	1	2	3
3	2	1	4	6	5
1	6	2	3	5	4
4	3	5	6	1	2
2	4	6	5	3	1
5	1	3	2	4	6

Puzzle 160

4	6	1	2	5	3
3	2	5	6	4	1
6	3	2	5	1	4
1	5	4	3	6	2
5	1	3	4	2	6
2	4	6	1	3	5

Puzzle 161

2	1	4	5	3	6
6	3	5	4	1	2
1	5	2	3	6	4
3	4	6	2	5	1
4	6	3	1	2	5
5	2	1	6	4	3

Puzzle 162

5	6	4	2	3	1
3	1	2	5	6	4
2	3	5	4	1	6
1	4	6	3	5	2
6	2	3	1	4	5
4	5	1	6	2	3

Puzzle 163

6	1	4	2	5	3
2	3	5	1	4	6
4	2	1	6	3	5
3	5	6	4	1	2
5	4	2	3	6	1
1	6	3	5	2	4

Puzzle 164

3	1	4	5	2	6
6	5	2	3	4	1
2	3	6	4	1	5
5	4	1	6	3	2
1	6	3	2	5	4
4	2	5	1	6	3

Puzzle 165

2	4	3	1	6	5
1	6	5	2	3	4
6	2	4	3	5	1
5	3	1	6	4	2
4	1	6	5	2	3
3	5	2	4	1	6

Puzzle 166

4	3	2	1	6	5
6	1	5	3	2	4
5	6	1	4	3	2
2	4	3	5	1	6
1	5	6	2	4	3
3	2	4	6	5	1

Puzzle 167

1	5	3	2	6	4
6	2	4	3	1	5
2	6	1	5	4	3
4	3	5	6	2	1
3	4	2	1	5	6
5	1	6	4	3	2

Puzzle 168

4	3	2	1	5	6
5	1	6	4	3	2
2	5	3	6	4	1
6	4	1	3	2	5
1	2	4	5	6	3
3	6	5	2	1	4

Puzzle 169

2	6	3	4	1	5
5	4	1	2	3	6
3	5	2	6	4	1
6	1	4	5	2	3
4	3	5	1	6	2
1	2	6	3	5	4

Puzzle 170

6	4	1	2	3	5
5	2	3	6	1	4
1	5	4	3	2	6
3	6	2	5	4	1
4	3	6	1	5	2
2	1	5	4	6	3

Puzzle 171

6	1	4	2	3	5
2	5	3	1	6	4
1	2	6	4	5	3
3	4	5	6	1	2
5	6	2	3	4	1
4	3	1	5	2	6

Puzzle 172

2	3	1	5	4	6
6	4	5	1	3	2
1	2	6	4	5	3
3	5	4	2	6	1
4	1	3	6	2	5
5	6	2	3	1	4

Puzzle 173

2	1	5	6	3	4
3	4	6	5	1	2
4	3	1	2	5	6
5	6	2	1	4	3
1	2	3	4	6	5
6	5	4	3	2	1

Puzzle 174

4	2	1	6	3	5
5	3	6	1	2	4
3	4	2	5	6	1
6	1	5	3	4	2
1	6	4	2	5	3
2	5	3	4	1	6

Puzzle 175

1	2	3	5	4	6
6	4	5	2	3	1
5	3	4	6	1	2
2	6	1	4	5	3
4	1	2	3	6	5
3	5	6	1	2	4

Puzzle 176

6	4	1	5	3	2
5	2	3	4	1	6
4	5	6	3	2	1
1	3	2	6	5	4
3	1	4	2	6	5
2	6	5	1	4	3

Puzzle 177

6	3	2	1	5	4
5	1	4	2	6	3
1	2	6	3	4	5
4	5	3	6	2	1
2	4	1	5	3	6
3	6	5	4	1	2

Puzzle 178

6	3	2	1	5	4
5	1	4	6	3	2
2	4	6	3	1	5
1	5	3	2	4	6
3	6	5	4	2	1
4	2	1	5	6	3

Puzzle 179

5	1	6	4	3	2
4	3	2	6	5	1
1	6	5	2	4	3
2	4	3	1	6	5
6	5	1	3	2	4
3	2	4	5	1	6

Puzzle 180

1	4	3	6	2	5
2	5	6	3	4	1
6	2	1	4	5	3
4	3	5	1	6	2
5	1	4	2	3	6
3	6	2	5	1	4

Puzzle 181

4	3	1	6	2	5
6	2	5	3	4	1
1	5	3	2	6	4
2	6	4	1	5	3
3	4	6	5	1	2
5	1	2	4	3	6

Puzzle 182

3	4	6	2	1	5
1	5	2	4	3	6
6	2	4	3	5	1
5	1	3	6	4	2
2	3	1	5	6	4
4	6	5	1	2	3

Puzzle 183

6	4	5	1	2	3
2	1	3	4	6	5
5	2	6	3	4	1
4	3	1	2	5	6
1	5	4	6	3	2
3	6	2	5	1	4

Puzzle 184

2	4	3	1	6	5
5	6	1	4	2	3
1	5	6	3	4	2
3	2	4	6	5	1
6	3	2	5	1	4
4	1	5	2	3	6

Puzzle 185

5	6	1	3	4	2
2	4	3	1	5	6
4	5	2	6	1	3
3	1	6	4	2	5
6	2	4	5	3	1
1	3	5	2	6	4

Puzzle 186

5	6	3	2	4	1
2	4	1	6	5	3
1	5	6	3	2	4
3	2	4	1	6	5
4	3	2	5	1	6
6	1	5	4	3	2

Puzzle 187

2	6	3	1	5	4
1	5	4	2	6	3
5	1	6	4	3	2
4	3	2	5	1	6
6	4	5	3	2	1
3	2	1	6	4	5

Puzzle 188

1	4	6	2	5	3
2	5	3	4	1	6
5	6	2	3	4	1
3	1	4	6	2	5
6	2	5	1	3	4
4	3	1	5	6	2

Puzzle 189

1	4	5	6	3	2
6	3	2	4	5	1
2	5	3	1	6	4
4	6	1	5	2	3
3	1	6	2	4	5
5	2	4	3	1	6

Puzzle 190

4	2	3	1	5	6
1	5	6	2	3	4
3	6	1	5	4	2
2	4	5	3	6	1
5	1	4	6	2	3
6	3	2	4	1	5

Puzzle 191

5	1	4	2	6	3
3	2	6	4	1	5
6	4	3	5	2	1
1	5	2	3	4	6
2	6	5	1	3	4
4	3	1	6	5	2

Puzzle 192

2	4	1	3	5	6
5	6	3	4	2	1
4	5	6	2	1	3
1	3	2	6	4	5
6	2	5	1	3	4
3	1	4	5	6	2

Puzzle 193

2	4	6	5	1	3
3	1	5	6	2	4
6	5	3	1	4	2
1	2	4	3	5	6
5	3	2	4	6	1
4	6	1	2	3	5

Puzzle 194

5	1	3	6	4	2
6	4	2	1	3	5
2	6	4	5	1	3
3	5	1	2	6	4
4	2	6	3	5	1
1	3	5	4	2	6

Puzzle 195

3	5	4	1	6	2
6	1	2	3	5	4
5	6	3	2	4	1
2	4	1	5	3	6
4	2	5	6	1	3
1	3	6	4	2	5

Puzzle 196

6	1	4	2	3	5
3	5	2	1	4	6
2	6	5	3	1	4
4	3	1	5	6	2
5	4	3	6	2	1
1	2	6	4	5	3

Puzzle 197

2	3	1	6	4	5
5	6	4	3	1	2
4	5	2	1	3	6
3	1	6	5	2	4
1	2	5	4	6	3
6	4	3	2	5	1

Puzzle 198

2	4	6	5	1	3
5	3	1	4	2	6
6	1	5	3	4	2
4	2	3	6	5	1
1	6	4	2	3	5
3	5	2	1	6	4

Puzzle 199

1	4	2	6	5	3
5	3	6	4	1	2
6	5	3	1	2	4
2	1	4	3	6	5
4	2	1	5	3	6
3	6	5	2	4	1

Puzzle 200

5	6	4	1	2	3
3	1	2	6	4	5
1	5	3	4	6	2
2	4	6	3	5	1
6	2	1	5	3	4
4	3	5	2	1	6

Puzzle 201

6	1	4	3	5	2
3	2	5	4	6	1
5	4	3	1	2	6
2	6	1	5	4	3
4	3	6	2	1	5
1	5	2	6	3	4

Puzzle 202

1	2	6	3	5	4
5	3	4	1	6	2
2	6	1	4	3	5
4	5	3	6	2	1
3	4	5	2	1	6
6	1	2	5	4	3

Puzzle 203

6	4	5	2	3	1
3	1	2	6	5	4
4	5	3	1	6	2
1	2	6	5	4	3
2	6	4	3	1	5
5	3	1	4	2	6

Puzzle 204

5	6	2	1	3	4
4	1	3	5	6	2
6	4	1	2	5	3
2	3	5	4	1	6
1	2	6	3	4	5
3	5	4	6	2	1

Puzzle 205

3	6	4	1	5	2
5	2	1	4	3	6
2	1	3	5	6	4
4	5	6	3	2	1
6	4	5	2	1	3
1	3	2	6	4	5

Puzzle 206

6	2	5	1	3	4
3	1	4	6	5	2
4	5	3	2	6	1
2	6	1	5	4	3
5	4	2	3	1	6
1	3	6	4	2	5

Puzzle 207

2	4	3	5	1	6
1	6	5	4	2	3
5	2	6	3	4	1
4	3	1	6	5	2
6	1	4	2	3	5
3	5	2	1	6	4

Puzzle 208

5	3	4	1	2	6
6	2	1	4	3	5
4	5	3	2	6	1
1	6	2	3	5	4
2	1	6	5	4	3
3	4	5	6	1	2

Puzzle 209

1	6	2	5	3	4
4	3	5	1	6	2
3	2	6	4	5	1
5	1	4	6	2	3
6	4	3	2	1	5
2	5	1	3	4	6

Puzzle 210

4	6	5	3	2	1
2	1	3	5	6	4
5	2	1	6	4	3
3	4	6	2	1	5
6	5	4	1	3	2
1	3	2	4	5	6

Puzzle 211

1	2	5	4	6	3
6	4	3	5	2	1
5	3	6	2	1	4
4	1	2	6	3	5
2	5	1	3	4	6
3	6	4	1	5	2

Puzzle 212

4	1	5	2	6	3
6	3	2	5	1	4
3	6	4	1	5	2
5	2	1	3	4	6
1	4	3	6	2	5
2	5	6	4	3	1

Puzzle 213

3	2	6	1	4	5
4	5	1	3	6	2
1	4	2	5	3	6
5	6	3	4	2	1
6	3	5	2	1	4
2	1	4	6	5	3

Puzzle 214

5	4	1	6	3	2
3	2	6	1	5	4
6	1	3	2	4	5
2	5	4	3	6	1
4	6	2	5	1	3
1	3	5	4	2	6

Puzzle 215

4	1	3	6	2	5
5	6	2	3	4	1
2	3	4	5	1	6
1	5	6	4	3	2
3	2	5	1	6	4
6	4	1	2	5	3

Puzzle 216

5	4	3	1	2	6
1	6	2	4	3	5
3	2	4	6	5	1
6	5	1	2	4	3
2	1	5	3	6	4
4	3	6	5	1	2

Puzzle 217

3	1	6	5	4	2
5	4	2	3	1	6
1	6	3	2	5	4
2	5	4	6	3	1
6	3	1	4	2	5
4	2	5	1	6	3

Puzzle 218

2	5	3	1	4	6
4	1	6	2	3	5
3	2	5	4	6	1
6	4	1	3	5	2
5	3	2	6	1	4
1	6	4	5	2	3

Puzzle 219

4	5	2	6	1	3
3	1	6	4	5	2
5	6	4	2	3	1
2	3	1	5	6	4
1	4	5	3	2	6
6	2	3	1	4	5

Puzzle 220

1	3	2	5	4	6
5	4	6	3	1	2
3	6	5	4	2	1
4	2	1	6	3	5
2	5	4	1	6	3
6	1	3	2	5	4

Puzzle 221

3	6	1	2	5	4
2	4	5	3	6	1
6	3	4	5	1	2
5	1	2	6	4	3
4	5	3	1	2	6
1	2	6	4	3	5

Puzzle 222

3	1	5	6	4	2
6	2	4	1	5	3
1	3	6	4	2	5
4	5	2	3	6	1
5	6	3	2	1	4
2	4	1	5	3	6

Puzzle 223

5	2	4	3	6	1
1	3	6	4	2	5
6	1	5	2	4	3
2	4	3	5	1	6
3	6	2	1	5	4
4	5	1	6	3	2

Puzzle 224

3	6	1	2	5	4
4	2	5	3	6	1
5	4	6	1	2	3
1	3	2	5	4	6
6	5	3	4	1	2
2	1	4	6	3	5

Puzzle 225

3	2	1	5	4	6
5	6	4	1	3	2
2	4	3	6	5	1
6	1	5	3	2	4
1	3	2	4	6	5
4	5	6	2	1	3

Puzzle 226

5	3	1	4	2	6
6	4	2	1	3	5
1	5	4	2	6	3
2	6	3	5	1	4
4	1	6	3	5	2
3	2	5	6	4	1

Puzzle 227

1	4	3	6	2	5
2	6	5	4	3	1
4	1	6	3	5	2
5	3	2	1	6	4
6	2	4	5	1	3
3	5	1	2	4	6

Puzzle 228

4	5	6	1	2	3
1	3	2	5	6	4
3	1	5	2	4	6
2	6	4	3	1	5
5	4	1	6	3	2
6	2	3	4	5	1

Puzzle 229

6	3	2	1	4	5
5	4	1	6	3	2
4	6	5	2	1	3
1	2	3	5	6	4
2	1	4	3	5	6
3	5	6	4	2	1

Puzzle 230

6	5	1	4	2	3
3	4	2	1	6	5
5	2	6	3	4	1
1	3	4	2	5	6
4	1	5	6	3	2
2	6	3	5	1	4

Puzzle 231

4	3	2	6	1	5
5	1	6	2	4	3
1	4	5	3	6	2
6	2	3	4	5	1
2	6	1	5	3	4
3	5	4	1	2	6

Puzzle 232

4	1	5	2	3	6
3	6	2	4	5	1
6	5	1	3	4	2
2	4	3	6	1	5
1	2	4	5	6	3
5	3	6	1	2	4

Puzzle 233

2	3	6	4	5	1
4	1	5	2	3	6
3	6	2	5	1	4
5	4	1	6	2	3
1	5	4	3	6	2
6	2	3	1	4	5

Puzzle 234

1	5	3	6	2	4
6	2	4	1	5	3
3	6	1	5	4	2
2	4	5	3	1	6
5	3	2	4	6	1
4	1	6	2	3	5

Puzzle 235

3	4	1	2	6	5
5	2	6	1	4	3
4	6	3	5	2	1
2	1	5	4	3	6
1	3	2	6	5	4
6	5	4	3	1	2

Puzzle 236

2	4	3	5	1	6
1	5	6	4	3	2
6	3	1	2	4	5
4	2	5	3	6	1
3	6	2	1	5	4
5	1	4	6	2	3

Puzzle 237

4	5	1	2	3	6
6	2	3	5	1	4
1	6	4	3	2	5
5	3	2	6	4	1
3	4	6	1	5	2
2	1	5	4	6	3

Puzzle 238

2	6	3	5	1	4
5	4	1	6	2	3
6	2	5	3	4	1
3	1	4	2	5	6
1	3	2	4	6	5
4	5	6	1	3	2

Puzzle 239

1	3	2	4	5	6
5	4	6	3	2	1
2	5	1	6	3	4
3	6	4	2	1	5
4	1	3	5	6	2
6	2	5	1	4	3

Puzzle 240

3	2	5	6	4	1
6	4	1	5	3	2
2	6	3	4	1	5
1	5	4	2	6	3
4	3	2	1	5	6
5	1	6	3	2	4

Puzzle 241

5	4	6	2	3	1
1	2	3	4	6	5
3	6	5	1	2	4
2	1	4	3	5	6
6	3	1	5	4	2
4	5	2	6	1	3

Puzzle 242

5	3	2	4	1	6
1	6	4	3	5	2
6	2	5	1	4	3
4	1	3	2	6	5
2	5	1	6	3	4
3	4	6	5	2	1

Puzzle 243

4	1	3	2	5	6
6	2	5	4	1	3
5	6	2	1	3	4
3	4	1	6	2	5
2	3	6	5	4	1
1	5	4	3	6	2

Puzzle 244

6	5	3	4	1	2
1	4	2	5	6	3
2	6	5	3	4	1
4	3	1	6	2	5
5	2	4	1	3	6
3	1	6	2	5	4

Puzzle 245

4	6	3	2	1	5
5	1	2	4	6	3
3	5	1	6	2	4
6	2	4	3	5	1
1	3	6	5	4	2
2	4	5	1	3	6

Puzzle 246

4	2	6	5	1	3
3	1	5	2	4	6
5	6	4	3	2	1
1	3	2	6	5	4
6	5	1	4	3	2
2	4	3	1	6	5

Puzzle 247

5	1	4	2	6	3
3	2	6	1	5	4
1	4	3	6	2	5
6	5	2	4	3	1
4	6	5	3	1	2
2	3	1	5	4	6

Puzzle 248

2	1	3	5	4	6
4	5	6	2	3	1
1	6	2	4	5	3
3	4	5	6	1	2
5	2	1	3	6	4
6	3	4	1	2	5

Puzzle 249

4	3	5	6	2	1
1	6	2	3	4	5
3	4	6	5	1	2
2	5	1	4	3	6
6	1	3	2	5	4
5	2	4	1	6	3

Puzzle 250

4	2	5	6	1	3
1	3	6	4	2	5
2	4	3	5	6	1
5	6	1	3	4	2
3	1	4	2	5	6
6	5	2	1	3	4

Puzzle 251

2	6	1	4	3	5
4	3	5	6	1	2
3	1	6	5	2	4
5	2	4	1	6	3
1	5	3	2	4	6
6	4	2	3	5	1

Puzzle 252

3	1	4	2	5	6
2	6	5	1	3	4
6	5	2	4	1	3
4	3	1	6	2	5
5	2	6	3	4	1
1	4	3	5	6	2

Puzzle 253

3	1	6	2	4	5
5	4	2	6	3	1
1	3	4	5	2	6
6	2	5	3	1	4
4	6	3	1	5	2
2	5	1	4	6	3

Puzzle 254

1	3	6	2	5	4
5	4	2	3	1	6
2	6	3	1	4	5
4	5	1	6	2	3
3	2	4	5	6	1
6	1	5	4	3	2

Puzzle 255

5	1	6	2	4	3
4	2	3	5	6	1
1	5	2	6	3	4
3	6	4	1	5	2
2	4	5	3	1	6
6	3	1	4	2	5

Puzzle 256

1	2	6	4	3	5
5	4	3	2	1	6
6	1	5	3	2	4
4	3	2	6	5	1
2	5	4	1	6	3
3	6	1	5	4	2

Puzzle 257

2	6	4	5	3	1
3	5	1	4	6	2
6	4	5	2	1	3
1	3	2	6	4	5
4	2	3	1	5	6
5	1	6	3	2	4

Puzzle 258

1	2	3	6	5	4
6	4	5	1	3	2
2	6	4	3	1	5
5	3	1	2	4	6
4	1	6	5	2	3
3	5	2	4	6	1

Puzzle 259

5	1	4	3	2	6
3	6	2	1	4	5
6	3	5	2	1	4
2	4	1	5	6	3
1	5	6	4	3	2
4	2	3	6	5	1

Puzzle 260

6	2	5	3	4	1
1	4	3	5	6	2
4	5	2	1	3	6
3	6	1	2	5	4
2	3	4	6	1	5
5	1	6	4	2	3

Puzzle 261

1	5	2	4	6	3
6	4	3	1	5	2
4	2	6	5	3	1
3	1	5	2	4	6
2	6	4	3	1	5
5	3	1	6	2	4

Puzzle 262

5	1	4	3	6	2
3	6	2	1	5	4
6	3	1	2	4	5
4	2	5	6	3	1
1	5	3	4	2	6
2	4	6	5	1	3

Puzzle 263

1	6	2	4	3	5
3	4	5	2	6	1
4	3	6	1	5	2
2	5	1	6	4	3
6	1	3	5	2	4
5	2	4	3	1	6

Puzzle 264

3	1	5	6	2	4
4	2	6	3	5	1
5	3	1	4	6	2
6	4	2	1	3	5
2	6	4	5	1	3
1	5	3	2	4	6

Puzzle 265

5	3	1	2	4	6
2	6	4	5	1	3
1	4	5	6	3	2
3	2	6	4	5	1
4	1	2	3	6	5
6	5	3	1	2	4

Puzzle 266

6	2	3	4	1	5
5	1	4	6	2	3
3	6	1	5	4	2
2	4	5	3	6	1
1	3	6	2	5	4
4	5	2	1	3	6

Puzzle 267

3	6	5	1	2	4
2	4	1	3	5	6
6	5	4	2	3	1
1	3	2	4	6	5
5	1	3	6	4	2
4	2	6	5	1	3

Puzzle 268

4	5	3	1	6	2
6	2	1	3	4	5
3	1	2	4	5	6
5	6	4	2	3	1
1	4	6	5	2	3
2	3	5	6	1	4

Puzzle 269

4	5	2	3	6	1
6	1	3	2	5	4
2	3	4	6	1	5
1	6	5	4	3	2
3	2	1	5	4	6
5	4	6	1	2	3

Puzzle 270

5	6	2	4	3	1
4	1	3	5	6	2
6	5	1	2	4	3
3	2	4	6	1	5
1	4	5	3	2	6
2	3	6	1	5	4

Puzzle 271

3	4	1	6	5	2
5	6	2	3	4	1
1	2	5	4	6	3
4	3	6	1	2	5
6	5	3	2	1	4
2	1	4	5	3	6

Puzzle 272

6	1	2	4	5	3
5	4	3	6	1	2
4	6	5	3	2	1
3	2	1	5	4	6
1	3	4	2	6	5
2	5	6	1	3	4

Puzzle 273

4	6	5	2	3	1
1	3	2	6	4	5
5	2	1	3	6	4
6	4	3	1	5	2
2	5	6	4	1	3
3	1	4	5	2	6

Puzzle 274

5	2	1	6	4	3
6	3	4	2	1	5
4	1	5	3	2	6
3	6	2	1	5	4
1	4	3	5	6	2
2	5	6	4	3	1

Puzzle 275

2	3	4	1	5	6
1	6	5	4	2	3
4	5	3	2	6	1
6	1	2	5	3	4
3	2	1	6	4	5
5	4	6	3	1	2

Puzzle 276

5	1	4	6	3	2
3	6	2	5	4	1
6	5	3	2	1	4
2	4	1	3	5	6
4	3	6	1	2	5
1	2	5	4	6	3

Puzzle 277

6	2	5	3	4	1
3	4	1	2	5	6
5	6	2	4	1	3
1	3	4	5	6	2
2	5	6	1	3	4
4	1	3	6	2	5

Puzzle 278

3	2	5	4	6	1
6	1	4	2	5	3
4	6	2	3	1	5
5	3	1	6	4	2
1	4	3	5	2	6
2	5	6	1	3	4

Puzzle 279

4	6	5	2	3	1
1	3	2	5	4	6
6	5	3	1	2	4
2	1	4	6	5	3
3	2	6	4	1	5
5	4	1	3	6	2

Puzzle 280

6	4	5	2	1	3
2	3	1	4	5	6
1	6	4	5	3	2
5	2	3	1	6	4
3	1	2	6	4	5
4	5	6	3	2	1

Puzzle 281

3	5	6	1	4	2
1	2	4	3	5	6
4	6	5	2	1	3
2	3	1	4	6	5
6	1	2	5	3	4
5	4	3	6	2	1

Puzzle 282

3	1	4	5	6	2
5	6	2	1	3	4
4	3	5	2	1	6
6	2	1	3	4	5
2	4	3	6	5	1
1	5	6	4	2	3

Puzzle 283

1	5	6	2	3	4
4	3	2	1	5	6
6	1	3	4	2	5
2	4	5	6	1	3
5	6	1	3	4	2
3	2	4	5	6	1

Puzzle 284

6	1	3	4	2	5
5	4	2	3	6	1
1	3	4	6	5	2
2	6	5	1	3	4
3	5	1	2	4	6
4	2	6	5	1	3

Puzzle 285

6	3	5	4	1	2
2	4	1	6	3	5
3	5	6	2	4	1
1	2	4	5	6	3
4	1	2	3	5	6
5	6	3	1	2	4

Puzzle 286

4	6	1	5	3	2
3	2	5	4	1	6
2	3	4	6	5	1
1	5	6	2	4	3
5	1	2	3	6	4
6	4	3	1	2	5

Puzzle 287

1	6	4	3	5	2
5	2	3	1	6	4
4	5	2	6	3	1
6	3	1	4	2	5
2	1	6	5	4	3
3	4	5	2	1	6

Puzzle 288

2	5	6	1	4	3
4	1	3	5	2	6
6	4	2	3	1	5
5	3	1	2	6	4
1	6	5	4	3	2
3	2	4	6	5	1

Puzzle 289

3	1	5	6	2	4
4	2	6	5	3	1
2	5	1	3	4	6
6	4	3	2	1	5
1	6	2	4	5	3
5	3	4	1	6	2

Puzzle 290

2	4	5	6	1	3
3	1	6	4	2	5
5	2	1	3	6	4
6	3	4	1	5	2
1	5	3	2	4	6
4	6	2	5	3	1

Puzzle 291

4	1	6	5	2	3
3	2	5	1	6	4
1	5	3	2	4	6
6	4	2	3	1	5
2	3	4	6	5	1
5	6	1	4	3	2

Puzzle 292

3	4	2	6	5	1
6	1	5	3	4	2
1	2	4	5	3	6
5	3	6	2	1	4
2	5	1	4	6	3
4	6	3	1	2	5

Puzzle 293

5	4	1	2	3	6
3	6	2	1	5	4
6	2	5	3	4	1
1	3	4	5	6	2
2	5	6	4	1	3
4	1	3	6	2	5

Puzzle 294

1	4	3	6	2	5
6	2	5	4	1	3
4	6	1	5	3	2
3	5	2	1	4	6
5	3	4	2	6	1
2	1	6	3	5	4

Puzzle 295

3	5	6	1	2	4
1	4	2	3	6	5
2	6	1	5	4	3
4	3	5	2	1	6
5	1	4	6	3	2
6	2	3	4	5	1

Puzzle 296

5	1	3	2	6	4
2	4	6	1	3	5
3	6	5	4	2	1
1	2	4	6	5	3
4	3	2	5	1	6
6	5	1	3	4	2

Puzzle 297

4	2	1	6	5	3
3	6	5	4	2	1
1	3	6	5	4	2
5	4	2	1	3	6
2	1	4	3	6	5
6	5	3	2	1	4

Puzzle 298

3	6	5	4	2	1
4	1	2	5	6	3
6	3	1	2	4	5
5	2	4	1	3	6
1	4	3	6	5	2
2	5	6	3	1	4

Puzzle 299

6	2	4	5	3	1
3	1	5	4	6	2
1	3	6	2	4	5
4	5	2	3	1	6
5	6	3	1	2	4
2	4	1	6	5	3

Puzzle 300

3	1	2	4	6	5
5	4	6	1	2	3
6	3	1	2	5	4
4	2	5	6	3	1
2	5	4	3	1	6
1	6	3	5	4	2

Puzzle 1

		9		6	1	2		3
4			9				6	8
2				4		7		5
	5		6		4			
		2	7				5	
6			8	1		3		4
1		4	2					
9	2			8	6	5	1	7
			1	9	7			

Puzzle 2

8		5			4		1	3
	1		9		6			
			1	5			9	
			4	3				
		9	8	2	1	3		5
		4	5					2
9			6	1	2	4		
7	6		4	8	5	9	3	
4				9			2	6

Puzzle 3

2		3						1
				3	9			
			8		1		5	3
6	8		9	4	7	1	3	
4		1		5		8		9
			3				4	
	4				2	3	9	
3	9			8				7
8		7	5	9	3	6		4

Puzzle 4

4		6	3				7	9
7		9	6		4	5	2	3
2					9			4
	5			8			9	6
8								
	9		1			7	8	
3	2	8	5				4	
5	4	1		9				
			4	2			5	8

Puzzle 5

	7		1					
			9	5		7	2	
6	2	5			8			
7		2		1	4	5	3	
	5		3	7		6		
3		6			5	4		
2		8					4	7
	1			6	7			
			8		2	1	6	5

Puzzle 6

8	7	2		9		3		4
				3	4			8
		3		2				5
			2	6	7		5	
5			9		3	2		
		7			5	8	3	9
	3	4	8					2
		5				1	8	3
1	2			5				

Puzzle 7

9				2	5		4	6
6								
	2	7		3				
2						9	6	1
3	6	1	8	7				4
4	5			6		3		7
7	3	6	2		1			
	1		5	4			3	9
5			6			1		

Puzzle 8

		6	3		2	4	8	7
		2				9		6
4	8				9	1		
	4					8	5	
5	2	9	4	8		7	6	1
8		7	5	6				
	7	4				6		2
	6			2		3		
		1	8	9	3			

Puzzle 9

		5		9	4	6	1	7
		9	6				4	
3	6					2		
4	3	6		8	7		5	
9		1	4		5	7	8	6
7	5							
5							7	
6		7		1	9	3		
		9		7	3		6	4

Puzzle 10

9	1	5	2					6
3	8			4	7	5	9	
	6	4			1			8
8		7		6	3	4	2	
	3		4	9	2	8	7	
	2			7			1	3
2			5			3	6	
	7		3	2		1		4
5						9		

Puzzle 11

	6	1	8	3	5	9		2
8	4		7					
		5				3		7
	1		4	7		6	2	9
		4			9			3
2	3	9	6	8	1	5		4
4	5		9			2		8
	9	2				7		6
			2		6			1

Puzzle 12

1	5						3	6
		6		5			1	
				3			2	8
	9	1			3		6	4
7			2	9	8	1		
	3	2	6	4	1		7	9
		7	4	6		3		
			1	9			4	
		5		8	2		9	

Puzzle 13

1		7					6	2
		4	7					3
		3	6			5	7	
		2	5				9	1
5	8			1			3	7
7	9			3		6		5
6				2			5	
		5		6	7		2	4
				9	5	3	1	6

Puzzle 14

5		6			2			
			1	5	6	7		9
4				3		6		
	4	1	5		3	2		7
8	2		9		1	4		6
3								1
6		2	3					
	5			2	8		6	
	8	4		1	9		2	

Puzzle 15

	5		6				4	
7	3				9	1		
			2			8		5
					2	4	1	9
	2	3			1	7	8	
	4	7	9	6		5		
	6	1		9		2	7	8
8	7		1	2	6	3		4
	9	2	3	8			5	

Puzzle 16

		9		6		4		
3		7	2	1	9	6		
6	1	8		4	3	9		
	9	1	3	2	7		5	6
5				8	4		2	9
7		2		9	5	3	4	1
1				2				
		4	9					7
	3							4

Puzzle 17

4	5		3		2	6		
3	7	6			9			
9		2	6	1		3	5	
		5	7	4	3	2		8
2		7			8			6
8	4	9			6		3	1
	9			2	5			4
						8	6	5
1			4	6	7			

Puzzle 18

2		6		7	4	1		
			6	9		3		2
			5					
5	7	4				6	9	
1				9		2		4
	2						1	3
6			8			5		
	8		1		3	4	2	
3	1		9	4	5		6	7

Puzzle 19

1			7		8		9	4
7		9					3	6
2	3	4		6	5			
9		6		8	3	1	2	
	7		6	9			5	
	2			1	7	6	4	
					1			2
6			2			4	8	
	9		8	4		7		5

Puzzle 20

3	7			2			4	1
		1	8	4	5		3	
6		5				8		
7		9	5	3	8		1	2
		3	4		6		5	
8		4		9	1	3		
9		6						3
5		7		8			9	4
		2	9		3			1

Puzzle 21

	7	9				3	5	8
				7		1		2
3	2				9		6	
		2	4	3	1		7	
5		3			7	2	8	
7		1		8	2	9	4	
	9			4	6	8		5
8	3				5	6	2	9
		5		2				7

Puzzle 22

	2	4		3	1	6		
	8			6	9		4	1
		9			5			8
4	3						6	
7	1				6	4	8	
6	9	2	1	4		7	3	
2			9	1			5	6
		1	6	8			7	3
	7		5	2				4

Puzzle 23

	2	7				3	4	
		6			9			7
4								6
	6	8	1			2	3	4
2	9	3	5	8	4			1
	4					5	9	8
	3	2		7		4		5
6						7		2
8		5			2		1	3

Puzzle 24

8	2	4	6				1	
5	1			8		6	9	4
3	9						8	
		3	9		5			6
		5	4		8		3	
				6		2	5	8
9	5		8		6		4	7
	3		2	9				
			5		4		2	1

Puzzle 25

```
6 4 1 | 5 . 7 | 2 . 9
2 . 7 | . . 8 | . 6 4
. 3 8 | 2 . . | 5 . 7
------+-------+------
1 7 . | 8 . 3 | 6 9 .
4 8 2 | . . 6 | 1 . 3
. . 6 | 7 . . | 8 4 .
------+-------+------
. . . | . . . | 7 3 .
7 2 . | 3 . . | 9 . 6
. . . | . . . | . . .
```

Puzzle 26

```
7 . 1 | . 2 8 | 3 . .
8 5 2 | 7 6 . | . . 9
. 9 6 | 5 . 4 | 7 2 .
------+-------+------
. . . | . . 2 | 6 8 3
. 8 3 | 1 . . | . . 2
. . . | . . 6 | . . 5
------+-------+------
5 . . | . . . | . . .
. 6 7 | . 4 . | . . .
. . 8 | 6 5 1 | . 9 .
```

Puzzle 27

```
2 . 3 | . 8 . | 5 4 6
8 . . | 3 4 . | 2 9 .
4 6 . | 9 . 5 | 1 . 3
------+-------+------
. . 8 | . 1 3 | . . .
. 1 . | . . . | 9 3 .
5 3 2 | 7 . . | . . 4
------+-------+------
. . 9 | 5 . 2 | . . .
. 8 . | 6 9 4 | 7 . 1
. 2 . | . 7 1 | 3 . .
```

Puzzle 28

```
8 1 4 | 3 2 . | 5 . .
. . 5 | . . . | 3 4 .
. 2 . | . . 7 | 1 . .
------+-------+------
5 3 . | . 8 . | . 6 .
4 . 7 | 9 . 1 | 2 . .
2 . 9 | . . 5 | . 8 .
------+-------+------
1 . 3 | . 7 8 | 9 . 5
. . . | 4 . 3 | . 1 7
9 . . | . . 2 | . 3 .
```

Puzzle 29

```
. . . | . 8 . | 1 . 2
. . 4 | . . 2 | 5 . 3
. . . | . 9 . | . . .
------+-------+------
. 1 5 | 9 3 . | 8 . .
2 . . | 7 . 8 | 9 . 6
. 9 8 | . 2 . | 4 3 .
------+-------+------
. . . | 2 7 9 | 3 6 .
4 3 . | 8 6 . | 2 . .
. 2 6 | 5 4 3 | . 8 .
```

Puzzle 30

```
. . . | . 5 3 | 7 . .
. . 5 | 8 9 7 | . 6 .
1 . . | 4 6 2 | 8 . .
------+-------+------
. . 6 | 9 . 8 | 2 5 .
4 9 . | 5 . 1 | . 7 .
. 5 3 | 6 7 . | . 1 .
------+-------+------
. 3 1 | 2 8 . | . . .
5 4 . | . 1 9 | . . .
. 8 2 | . . . | . . 3
```

Puzzle 31

3			8		2	1		7
			3	1	6	4	8	9
		9				3	6	2
4	3		5	2				6
	1	2			9			
					2			
5		6			7		2	3
9		3	2		5			1
					3	6		5

Puzzle 32

		8	9	3	1			6
			6			8	9	
6			8			3	1	7
			1	8	3	4		
7	8			9	4		2	1
	1	4		6				3
	4	5	3					2
8		7	2	5		1	4	
		2		7			3	8

Puzzle 33

3	8	6	1					
1	4			7	8	6	9	
			4			3		1
4	6	9	2	3	7	5	1	
2	7	8	6	1	5			
5						7		6
					3		5	2
	2	3	5		1			
		5	8	6			4	3

Puzzle 34

		4	1	7				3
	9	6			5	1	4	
1				4		2	6	7
3	8		4	6	2	7		
				5	1	8		2
	1		7	8	9			6
	5	1	6	2		3	7	
2				1	7	6		
	7							1

Puzzle 35

2	9		3	6	5		1	7
5	6	8	7		2			
1		7			4	2		5
		1			6			
8		9	5			1	4	6
		7						
3		2				5	8	1
		1	4	5	3		7	2
		6		8	1			3

Puzzle 36

	1	4			2	3	7	
		3		1	7			5
		6			9	8	4	1
		8	7		1	4		3
2		5	9	4			1	
	3	1	8		5	7	9	
						1	8	
	8	7				5	2	6
		2	1				3	7

Puzzle 37

	1				7	3		
	9	5		4	3		2	
6				9			7	5
		4				6	5	
	6		1	8	2	7		3
3	2	7	4		6			
9			6		4	5		
2		6						
4	7	1	9				2	6

Puzzle 38

8			6		9			2
		1		5	2			8
7					3	4		9
				7		8		1
5	8	4	1	9	6	3	2	
1		6		3	8		9	4
				2		1	7	
		7		8				6
2			4	6	7			5

Puzzle 39

5		1		2	9		6	
2			3	5	6		8	
6		8	7	4				
		2			5		9	
4	1	6		8		3	5	
					3			
	6		5			4	7	
8					4			5
9	4	5	1	7		2	3	

Puzzle 40

1	4					8	6	3
3	8					5	2	
2				3				9
	7	5	3		4			6
9	2	4	1	6				5
6	3		5		7	4		8
7	6	8					5	
				8		7		
	9				2			

Puzzle 41

8	7	6	5	2			9	1
5		3	1	8		6	2	
2			7	6		5		
1				9	7	3		4
				1			7	
7			8	4				9
6	8	7	4	5		9		
3	9				8	1		
			9				6	8

Puzzle 42

1	4	2					6	
8		7		2		1		
5		9	1		8	7	2	
3	7		8	9		4		
4		5			2	6		
		8		5			7	
					4			
	5	4			9	3	1	
2	8						4	9

Puzzle 43

			8				5	9
		3	4	9		8	2	
	2		6			4	7	
						3	6	4
3		6	1	4				5
	8	4	9	3	6	7		2
		5		7			9	1
				6	9			7
	6	9		1		2	3	8

Puzzle 44

9				3				4
2		4	8		5			
6				1	4			5
4	1	2	5	6	3		9	
5	9					2	1	
7	3						5	
3	2	5		8	9	1		7
	6			5	2	3		
1		9			6			2

Puzzle 45

	4	1	9	5		6		
	7							
9		5	7			4		1
4	6	7	3	8		1		2
		8	5					9
		9					6	
1	8			7	3	5		6
	9		4	1	5		3	
3	5	2			8		1	4

Puzzle 46

7	4							
5	2		8	7				
	1	8		5		7	2	4
	6	5	7			2	1	9
		1	5					
	9	2	3	6	1		7	8
2				3	9	1		
	3		8				4	
	8	6		7				3

Puzzle 47

			8	6	5			7
7		3	2		9			6
9		8	1	3			4	
6	4		7			3	8	
1		5				6	2	
		2		5			9	
2		6					5	
	1	7	4		8		6	
3	8		5				7	

Puzzle 48

		9	2		5	7	1	
2	4	5	7			9	8	
	3		6	9			4	5
		7	4					
5	1	4	9	7			3	
			1		3		7	9
	5					8		1
1	7				9	5	2	4
9	8		5					

Puzzle 49

		8	1		6	3	2	
			9	2		1		8
				4			9	6
					3			9
8	1				9		6	3
9			4		5	8		2
		1	5	9	2			4
3	4			8		2	7	5
6	5				4			

Puzzle 50

2		4	7		8			
1	8	9			2		6	
5		7	6		1	9	2	8
		1		6	9		8	
		8			5	6		
9	7	6		1	3		4	
8			1					9
	1	2	9			3		6
			5			8		4

Puzzle 51

9					1			2
1		2						
		8		7	6	3	1	
6					3	7	9	5
7						4	2	3
	9	5	4		7			
4		3		6	2	9	8	
	6			9	8	5		4
8	1	9		3			7	6

Puzzle 52

		9	5		7			
	1		9		3	5		8
4					1	2		
	7			5		9		1
9	5	6		7		4		3
1		3		9		7		6
	9	7				1	4	5
	4		7			8	3	2
			4				7	

Puzzle 53

		4	6		1	8		
	1		5	9				
3		9	2	4		1		
7		1	4			5		
4				5	9	3	6	
	6		3		7			
5	9			2	4	6	3	1
	4		9	1			7	
			8			9	4	5

Puzzle 54

	4		5		6	9	8	
				2			3	4
		3	4					2
3					1			7
2				4	3	8	1	6
1	9		2	7			4	
8	3			6			5	9
		9			5		7	
5	6		8	9			2	3

Puzzle 55

					5	1		
2	8					4	6	7
6	3	1		7			2	5
9	2	8		3	6			
7	6	3	4	5				8
			9		8			
8	9	7	5		2	6		
5	1			8		7		
		4	2			7	5	9

Puzzle 56

	7				8			4
	9	4	3			6	8	5
		5		4	1	3		9
	3				7	4		
		7		6	9		2	
			5			7		
7	4			9			6	1
8	6		7			3	5	4
5		2		8	6		3	

Puzzle 57

	7				2		1	9
	1			3				2
2			9	5	1	3		4
	8			6	5	1	9	3
	5		4			2		6
6		9						7
1	3	6		7		4	2	
			8				3	
		2	3	1		7	6	

Puzzle 58

		5	8	3		2		
			6		4		5	
4	2	8	5		1	9		3
		2	1					
6	7	4		5	3	1	9	
8	1		4	6			3	
	9	6		1	2	4		5
			7		6		2	
	8			4		6	1	

Puzzle 59

	9	8		4				1
		4	2	9		8	5	7
	6			8		3	4	
4	8			5	3		9	
9	5		1		8			4
	2	7	4		9	5		
					4	9	1	
			8	1	2	7		5
		1		3		4		

Puzzle 60

		9			4		2	
3				2	4			
	2			8		1	9	7
2		8	5		6	7		
	9		4					
5			2	7			6	3
	5				1			
	1	2	6	5		9		8
8	6	3	9			2		

Puzzle 61

```
3 5 . | . . 7 | 9 4 8
. 1 7 | 8 4 . | 2 3 .
4 . . | . . 5 | . . .
------+-------+------
. . . | . 3 8 | . . 7
. . . | . 7 . | . . .
. . . | 4 . 1 | 8 . .
------+-------+------
8 . 9 | . 6 4 | 7 2 1
. 7 . | . . . | 5 6 9
1 6 5 | . 9 . | 3 8 .
```

Puzzle 62

```
9 . 6 | . . 2 | . . 3
. . 8 | . 3 . | 1 . .
5 . 1 | . . . | . 9 .
------+-------+------
8 . . | . 2 . | 5 3 1
3 1 . | 8 . 7 | . . 6
. 6 2 | . . . | . . 8
------+-------+------
1 . . | . 4 . | 6 . .
. . . | . 7 1 | . . 2
2 . 4 | 5 6 8 | 3 . 9
```

Puzzle 63

```
9 . 5 | . 4 . | . 1 .
. 7 . | 2 . 9 | . 8 4
. 2 8 | . 3 1 | . . 7
------+-------+------
. 4 . | 3 2 . | . 7 1
5 9 2 | 1 7 . | . . 6
7 . . | . . . | . 4 5
------+-------+------
6 . . | . 5 3 | 1 . 9
. 5 . | 7 8 . | 4 . 3
. . 4 | . 1 6 | 7 . .
```

Puzzle 64

```
2 6 3 | . . . | 8 . 1
. 9 4 | 2 . . | 5 3 .
7 . . | 6 3 . | 9 2 4
------+-------+------
. . . | 8 . 7 | 6 . 3
3 5 . | . 2 . | 1 . 7
. 1 7 | . 5 . | 2 . .
------+-------+------
. . 2 | 5 . . | . . 8
6 4 . | 7 8 . | 3 . .
5 . . | 1 . 3 | 4 . 2
```

Puzzle 65

```
. . 8 | 5 9 . | . . 6
6 . 2 | . . . | 5 4 .
1 5 . | 7 . . | . . 9
------+-------+------
. 8 6 | . 2 . | . . .
2 1 . | . . . | 4 . .
. 4 . | . 5 8 | 6 . 2
------+-------+------
. 3 9 | 2 . . | . 1 5
. . . | 8 1 . | 2 9 .
. . . | 9 . 7 | 8 6 4
```

Puzzle 66

```
. 2 . | 1 . . | 5 8 .
6 . . | . . 8 | . 9 .
. 8 . | . 2 . | 6 . 4
------+-------+------
8 . 4 | 6 . 1 | . . 3
. . 7 | 4 8 . | . . 6
1 . . | . 3 5 | . 4 8
------+-------+------
5 1 . | 3 . 6 | 4 7 .
. 4 . | . 1 . | . . .
2 . . | . 5 4 | . . 9
```

Puzzle 67

```
5 . 9 | . . 7 | . . .
3 4 8 | . . 5 | . 2 .
7 . . | 8 . . | . 5 3
------+-------+------
. 2 5 | . 6 9 | 8 . 1
9 . 1 | 2 . 8 | 5 . 6
. 3 . | . 5 . | . 9 .
------+-------+------
. . 3 | 1 . . | 9 . 4
6 . 7 | . 4 2 | . 1 5
. . 4 | . 8 3 | 6 . 2
```

Puzzle 68

```
2 6 9 | . . 4 | . 7 .
4 . . | . 3 . | . . .
. . 1 | . . . | 2 8 4
------+-------+------
8 7 5 | . . 1 | . . .
9 2 3 | . 4 8 | . 5 6
1 . . | . 9 . | . . .
------+-------+------
. . 4 | . . 5 | 2 . 9
. . 1 | 9 . 6 | . . .
5 9 2 | 4 1 . | . . .
```

Puzzle 69

```
. . 9 | . . 4 | 6 . 5
5 . . | . . 1 | . 8 3
4 . 8 | 5 . 2 | . 9 1
------+-------+------
1 8 . | . 4 . | 9 . 7
. 5 4 | . . 7 | 2 . 8
9 . 7 | 6 . 8 | 3 5 .
------+-------+------
. . . | 8 . . | . . .
. 4 5 | 1 . . | . 7 6
. . . | . 7 6 | . . .
```

Puzzle 70

```
3 . . | . 7 . | 9 . 6
. . . | . 1 5 | . 3 .
7 8 6 | . . 9 | . 1 2
------+-------+------
. 6 . | 7 3 . | . . 1
1 3 . | . 9 6 | . 8 5
. 9 . | . . . | 3 . .
------+-------+------
. 2 4 | 5 3 . | 8 . .
. 1 3 | . 2 7 | . . 4
. . 5 | 4 . . | 8 1 2
```

Puzzle 71

```
. . . | . . 7 | . 2 .
2 . 4 | 3 . . | 7 1 9
5 . 9 | . 2 . | 4 3 .
------+-------+------
9 . 7 | . . 1 | . . 4
8 . . | . 9 . | . . .
4 1 6 | . 7 3 | . 9 5
------+-------+------
. . . | 7 . 9 | 1 . 2
1 . . | 2 5 8 | 9 . .
. . 5 | . 1 2 | 6 . 8
```

Puzzle 72

```
2 3 8 | . . . | . 9 .
. . 1 | . 8 4 | 7 . .
7 6 . | 3 1 9 | . 8 .
------+-------+------
6 . . | . . 7 | 8 2 1
. 2 . | . . 1 | 9 . .
9 . . | 3 8 . | . . 7
------+-------+------
. . 6 | . . 8 | 2 7 .
. . 9 | 7 . . | 4 . 5
. . 2 | . 9 6 | . 1 .
```

Puzzle 73

		6			3	7		
			9	2	7	6	1	5
2	7			8			3	9
	6		8	3				
1	2	5	7			3		8
3		9	2					
			4	5			2	7
			6	7				3
9	4			1	2	8		6

Puzzle 74

	9	1	6			4		5
5	2	7	3				9	
		6	1	9	5	7		3
6	4	9	8	1			5	
1				2		9		4
2		3		6			7	1
			2	3		5	1	
		2	7					8
		5	4		6			

Puzzle 75

		2	3	5		6		7
	5	1	9				8	3
				8	2	5		
3				4	7	1	9	
	9						2	
	4	8	2	1			3	
	6			2	3		5	1
	1			6		3	7	
2		5	7	9		8		

Puzzle 76

9					1		4	
1	7		3					
	6			8		1	7	
8	9					4	2	
7		6		1	4		8	
	5		8			3		1
	4	9	7	5		2		
3	8					9	5	
	1		9		8			4

Puzzle 77

			4	6	1	9		3
			2		7			
4		6	3					
		5				3		7
9				3				8
3		2	6	7	5	4	9	
8		3		9			4	2
		4			3		5	9
7	9	1	5	2				

Puzzle 78

	9			1	2			
		2		4	6			3
1		7	9		3	4	2	5
7	3	9					5	2
	1	8				9		
5				9		3	4	
						5	8	
9			6	7		2		4
6	4	3		5	8	7	1	

Puzzle 79

4		3		6	2	8	1	
			4	8			9	2
		9			5	6		3
7			1		3	2		4
	3				4			8
6			5	8	7			
2		4		7	6	3		1
	1	7	2					6
3		8	4		1		2	7

Puzzle 80

			1		2			9
		4		8		1		2
	1	2			6		7	
7			4	8		2		6
4				1				3
1	2	3		6		8	9	4
			7					
6			5	2		3	8	7
8		7			3	4	2	

Puzzle 81

		2					5	
6		9	7	8	5			1
			9			3	6	7
	9	4	6	2			3	
5							9	
1		8	5		3	6		
		7	2	6		9		5
	8	5		1	7	2	4	6
	4	6	8	5	9		1	

Puzzle 82

			8		6			7
	3	2			5	4	6	
6		8		7	4	1		
	6	9	1	5				3
1	7	3			9		8	6
	2				3	7		1
5		7	4			9		
						8		
			7	3	8		1	5

Puzzle 83

			4		8	5		2
4			6	7	1			
		7	3	2				6
			7	3		6		5
3		4		5	6	1		
5	6		9	1	2			
7	4	3				2		
9	8			6	3			4
	2						3	

Puzzle 84

	3	2		8	4	7	5	
		4	5	7	9		6	
9					2		4	
7	6							
	4	8					3	1
		3		1			7	
4						5	1	
		7				9	8	6
1			8	6		4	2	3

Puzzle 85

			2	5	4		9	
4	2	8	3	9	7		1	5
9	7			1				4
5	8	4			3		7	
	9		4		5	8	6	3
6	3						4	1
			8	2				
				3				
		3			1	9	8	2

Puzzle 86

4	7				6	8		
1	6	9		5	8			
		5	7	1	3		9	6
	5				4		3	7
	2	7	1	3		9		4
6					9		5	8
		8			7	3		2
			3	4	2	5	8	
3	4			8				9

Puzzle 87

			3	4		7	5	
	8						9	3
	3		5	9	2	4	6	8
	1	5		8		9	3	
2					9		4	7
	7		2	5				6
9		7		1	6		2	
								9
			9		5		8	

Puzzle 88

9					8	2	1	
2	5			6				7
	8	1	3			5		
8		4		3	6	7		
	9	4					3	1
	7	8						4
4	3			9		6		8
1			8	4		3	2	9
	9	8		7	3	1	4	

Puzzle 89

5	9	6	7	4		1	8	
8	4			5			2	6
	3	7	1			4		
	8		2	7				1
	1					2	7	5
	5	2				4		
1		5			8	3		
4	7	3						
	2		3				5	4

Puzzle 90

		6		3	7			1
3	9		8	5				
	7	4	1			8	3	
2				7			9	
	5		3		9	2		4
	8				1	7	5	3
		8	2				7	6
	2		9	8				
	1		6	4				2

Puzzle 91

	2	8					5	
	6	5	2	8	7	4	9	
	3	4	1			2		6
		7	8	2	9		1	
	9		7	4	6			
8	4							7
4	7		6			5		
5		3	9		8			
2		6			3		7	9

Puzzle 92

		3		8		2		6
2			4	3	6		5	
9	6		1	7	2	4		8
7	4			5	8		6	2
3				4				
8	5	2			9		4	
6			2	3		7		4
		7				6		
				1		8		

Puzzle 93

		5	3			9	4	
				8	5	1	7	2
1	7				4		3	8
2	4			5		6		7
	6	9	7	4		8	1	3
			8	6	9	4	2	
				9		3		
	9	3		7	8	2	5	
			2			7		

Puzzle 94

8	3		1			5		
2	5	4					1	8
1		9			2	4		6
		8			6		5	
4		5		8	9	6		
	9	3	7	1	5	2		
		2		7	8			
		1	5					2
			6	2	1		9	

Puzzle 95

					8	5		6
3				2				8
6	8		5				2	3
8	2					3	6	
	7	1	8	6	3	2		
			4	5	2		1	7
	1	8		9				
	9			1	6	7		4
7		3		8		9		1

Puzzle 96

		8		3	7		9	5
7	5			4			3	
4	3	6	9		5		2	7
9	8					3		1
1	6	3	8	5				
5				1	9	8	4	6
3			1					
		5	4	9				3
6		1			3	9		

Puzzle 97

		1			3	7	8	
	4	5				1		
	8		1		6	9	2	5
			4					
4		7		8		3	5	
1		9	3	7	5			8
9			7		8	5	3	2
8		6			2		1	9
	5	2	9				7	

Puzzle 98

4	6				9		5	
		2	5	4	1	3		
		3					4	
		6					9	4
					8		2	3
	3		4	7			1	6
	7	4	9	3		6	8	1
3		9	2			4	7	5
6				1				2

Puzzle 99

6						3		
	2	5			1			8
4			9				6	1
5	4			9				7
		9		7	1			
	3		1	5			8	4
1		4		3		8		
				1				3
3	9		7	4	8	5	1	6

Puzzle 100

	7	3	9		1		6	4
	2	5	7		3		8	
		9	5	4		7		
5	8		4	9	2			
				6				
	4		1	3	5			2
6	9	8			4		5	
		2		5		4	9	
7					9	3	1	6

Puzzle 101

		6		1	3		4	9
9					8			3
2	3	1			9	5	8	
7		9	8					2
6	1	2		4	7			
5		3		6	2			
4	9	7		8		6		5
3		5		2			9	
	2	8			6			7

Puzzle 102

	7				3			1
	6			7		4		9
	8	4	1	5	9			
			6					2
	4	7	3		2	1		
8	3	2					7	6
4						7	9	3
5	9			6				
7	2	3	9	4		8	6	5

Puzzle 103

6		4	1	8			3	2
3	7	8	6		2	1		
5	1			4		8	7	
	2				3			5
			9				1	
9			8	2				
1			5		4		2	8
		7	2	9	1	6		
2	5			6	8			

Puzzle 104

1	2							9
3						2	1	
	4	9	1	2		5		
5		2	3		8			6
8		4		1		3	7	5
7		6	9	4				8
2	7	3	6			8		1
		5	7	3	1			
4			5			7		

Puzzle 105

9			5	2	1	3	8	
8			3		7	9		2
7	3					4		
1			6		4			5
5	2			1		6	3	
	6	4				7	1	8
6	5		4	7	3	8		9
	9	3						
	8	7		6	5		4	

Puzzle 106

	9			2			1	
	3	1	4		9	7	5	8
	5			3		2		
6			9				3	
9	2	3		4				5
	1	5		2	9			
	6			7		5	2	3
	4			6	8			
	8		1	9		6	7	

Puzzle 107

				7		5	1	
			5	1				
		5	6		2	3	7	8
8	6	4	7	2	5			1
		9			6	7	2	5
	5					8		
	3	6		9				
9		2	1	6	8		5	3
		1	3	5	7			6

Puzzle 108

		7		8			6	2
					7			4
				3		1	9	7
5		6	4			2	8	1
	4		3	1			7	9
			5				3	6
		3		4	1			
7		4	8		2	9		
8		2	7	9				

Puzzle 109

6	7			4		9		
9	1				3	6		
	3	8		9	6	1		5
3	6				4	7		
8	4	9		2	7		3	
	5					4	6	
5			4	3	2			7
4		3	9	7	1	2		
1		7				3		4

Puzzle 110

6	8	5		9	2	4	7	3
	3	2	8		7	9	1	
		9		3			2	
2	4				9			1
		8			1		4	
7	9	1					6	
	1	4				5		
3	5			1		6		
					4		8	

Puzzle 111

7			5		1	3		8
5	4		2					9
1		3	6		9	5		
4	3	1				8	2	
		9	1		8		7	3
	7	8			2			
9	2			1		6		4
			8	2	6		5	
	6		7			2	3	

Puzzle 112

	2				4			
		5	8				4	9
			1		5	6		2
	5			2			6	4
8			5			9		1
4	1	2		8				7
7				5		4		
2	3	9	4				5	8
	4		9		8	2	7	6

Puzzle 113

		6				2		7
8			9		2		3	
			6	8		1		5
1	6		4		5	7		3
	9	2		6	7		4	
4			8	2				
	5	1			8			4
6	3							
7			5			6	3	2

Puzzle 114

5	1		2	3	4			8
	8	6	5			2	1	4
7	4	2				5	9	
1	6	8			3			
9	5		6	4				7
			9			6		
	3		4	9	5	7		
2						1	4	6
8			1	6	2		3	

Puzzle 115

9		5	7				3	
		1	5		9			
6			1	4				
8		3	4	7	6	5		9
	5	4		9			7	
					8	3		
	6				4		5	7
	2	9	8				6	3
			6	2	5	8		

Puzzle 116

5			7	1				4
6							7	5
	4			5		2		
2	8			7				9
	7	5			9			1
9	6	1	5				8	
8	9	6	4	2	5	7		
		2		3	1			8
					7	5		2

Puzzle 117

		3	4				5	
		1	3	2	7	4		6
	6		1			3		
7				1	2			
3	5			7			2	1
1		2	6		3		7	4
	3			9				8
8		9		3				
6	7	5	8	4	1			

Puzzle 118

1	3		2					9
		4						
8		2	3		5	1	4	
3	2	1	7	5		9		4
		5	1		4	2	8	
7	4	8		2	6			
	1			8	9		3	5
			6	7		4		
	6	3	5	1		7		

Puzzle 119

9			4		8	7	5	6
	4	1				3	9	
5	6	7		9		4		8
	7			3		8		
1		5	8		7		4	3
	8	3						9
6	2			5			8	7
3		8	2		9		6	4
		9			4		3	

Puzzle 120

		7		6			2	
			5		1		9	6
2				4	9	5		3
3				7	5			
9	2				8	6		7
	6	5			2	8	3	1
1			9	5		3	6	
8			2		6	4		5
	5				4	2		9

Puzzle 121

	8		4	3	9	1		5
	3	5				8	4	
		4				6	7	
4		8		1		9		6
6	2		5		3	4		
9		3		4		7		
3		1		8			9	7
5	4			7		2	8	
8		2		5	1			4

Puzzle 122

		2			4	8		7
			3				2	9
9	7	8		1				3
4							9	5
2			1	6	5	7	4	
		8		4	3		6	1
	5	4	6		9		7	2
3		6	7	5	2	9		4
		9			1			

Puzzle 123

4		7		1				5
9			7			4		
1	5		9			2		
	1	9	3		5			
5				9	2		6	7
2		3						
	2				9		7	
8		4		2	1			
3	9	5		7	8	6		2

Puzzle 124

		5	8		3			
			5	4	7			
	3	8				9		
	5	9	7		8	1		
	8		4	2	9		3	
		7		5	1	4		8
	7			8		3		
	9			1	5	8	4	7
8	1	4			6			

Puzzle 125

5	6	4		3				1
7	8			2		5	4	
3					4	8		
	9	3	7	5	6		1	
8					1		5	
4	1	5	2	8		9		
		8		7	2		6	5
						7		
6	3	7				8		9

Puzzle 126

		4	9				5	7
9		3				6		
5	1		8	6		3	2	
	4		5			2	3	6
6		9	1			7	4	
7	3		2	4	6			
1	9		3			4		2
							9	
3	7		4	1	9		6	

Puzzle 127

			4	3	1	5	9	
				9	6	4		3
3		4		5				
				4		6		
	5	6	1	2		3		4
	4		6		3	9	5	
9	7			1			3	
	1	3		8		2		5
4	2				5			

Puzzle 128

4	9	2		1				
	6	1		8		2		
8		7	2			9		
1		5	3	2				9
	2	8	7					
	7	3	6	5	1			2
7		6	9	4				8
			8			6		3
2	8	9			3		7	4

Puzzle 129

8	9	1		3				7
4	3			6	5			2
		2			8	3		4
3			5	8	4	7		1
5			6		1			
1		4			7		5	6
	1	3		5	6	9		
9	8				3			
		5	8	1		6		3

Puzzle 130

	2				6			
6	7	3		4	9			
	1							8
1		5			8	4		
		8				1	2	
4	3	2	7	1		8		
		1			4	9	6	2
9				8			1	
2		7	9	6	1	3	8	

Puzzle 131

		9	6	4	5	8		7
		6	9	8			4	1
				1		6	3	9
5	3	4	1		2		9	
9	6	8						
1				3	9	4		
	9		7					
6		2	4		8	1		3
		1			6			4

Puzzle 132

	6	2		3				5
5	7			2	6	9	8	
		4			5		2	6
			3			2	1	
4	9		2	6	1	5		
		3	5		7			
			7		9			
7			8	1		6		2
	3	9		4	2			8

Puzzle 133

6	2	3		7	1			
			3		8	6		
	8		9		5		2	3
3	5			1		4		9
						5		
2	1			9		3	8	7
8			7			1		
	7		1	8		2		
5				4	2		7	

Puzzle 134

5				1				9
4					2			
		6	3			5	8	4
	3	5	7		1			6
		2	9	5				7
	4	1			3		5	
		4	2	9		6		1
6	7	9	1			2		
	1	8	6	3	7			5

Puzzle 135

	3	2		5	9	8	6	
9		6			8	7	5	2
		7		2	1	3		
	9		3			6		7
		4	1	7		9		
2			9			5		3
	2		8		7		3	
	8	9	5			2		
7			2					5

Puzzle 136

	7			1	3			
8	6	1		9	5	2	4	
	4		6	8		1	5	7
	1	7			8			
	5		1	2				8
		8		7	6	5	1	4
1				4			9	
5	8		9		7	3	2	1
7		6						

Puzzle 137

		3		2				6
				6	1			8
8	7	6	4				5	
	2	8		9	4			
6	3		2	1	5		8	
	4	1	3	7				5
	6	5			3	2		9
4								7
	8	9	7	4	2			1

Puzzle 138

	5		1			8	3	
				8	6			4
	2	7	4		9		5	
1	8	5			3	4		7
	4	3		6		5		2
	6			5				8
2			3	7	5	1		
6					8		7	
5		1		4				

Puzzle 139

	5		2		8			1
		8		1	6	5		
1		4		9		8	2	7
7		3		8	4	1		
		1					6	8
	4					9		3
				4	9		1	
		5	3	2				
	1	2	7	6		3		

Puzzle 140

		6	7		1		2	
	2			8	9		3	
		7	5		4		6	
		8	9	5				2
3							8	7
	1	2		4		3	9	6
2	4	5		6	8	9	7	3
1	8	9	3					4
	6						1	

Puzzle 141

8							6	
		9		5		3	8	4
	5					9		
	8	2				5		
9	3	7	6	2		4		
1			8	9	3			
2	9			6	7		4	
5	7	8		1		6	9	
4	6		9	8				1

Puzzle 142

			2	8		5		
6		8			7	3		2
5		7	3	1	4	6		
7			2		5			3
	6	1		9			8	
	5			6	1	4	2	
				3	6		5	1
3		5	1				4	6
9			5		2	8	3	

Puzzle 143

		9	4	6	5			
	5		3		9			
7		4	2	8	1			
9	3	6	1	2		7	4	5
					6	1		3
					3	9	8	6
5				1				
	7		5			8	6	
	4		8	3				7

Puzzle 144

	8	5						6
		9	4	6				
					1	9	3	7
8				2	7		6	
3	6	4		1		7		5
		7	3			1	9	8
9				7		3		
6				3	5	8	7	9
5				8				4

Puzzle 145

6							4	
		4	6	9	2			8
2		9	8	3				
8			3	2		7		5
			7	1		3		4
3			4			1		
5	6				3		9	1
4		3	9		1			
			5	4	6		7	3

Puzzle 146

3						4		2
2	1	6	3	8		5		9
	5		7			3		1
5	9		1		6	2	4	
7		4		3				
1			8	4	5			
8			4	6		7	9	5
6	4	5			7	8		3
								4

Puzzle 147

	2	5						4
			7		6			
7			2	5		1	3	9
6			9	1			8	
3				7			6	
		8	6	2	3		9	5
	7	3	4	6		8		
	6	9				3		
2	8	4	1	3				

Puzzle 148

7		3		5	4		6	1
		5	3					
2				7	1	9	5	3
		4	2					6
	6			8	5	7		
3			6					4
8		9	5		6		2	
4				2	3			9
		2			8	1		5

Puzzle 149

5		3		7				
1		9	6		4		8	
6	7		8			1	9	
		8	2	1			3	9
2				9	7			5
	9	6	4	5				
4		5			1	9	2	
8	6		9			3	5	
			5	8	3	6		4

Puzzle 150

1	7		3	8		2		6
2		6	4	7			3	
9		8					4	
	4					8		2
	1	2	7		4			
					3	4	1	
		3	5	4		7	9	
7	9		1			6	2	4
			9		7	3		

Puzzle 151

				8			4	7
		6		7	1		8	2
1				4		3		
5			4	6	9	2		8
6	9	2	8			4	3	
			5	2		9		
		9	1	3			5	4
		1	6		8			3
3	6		7		4	8		1

Puzzle 152

2	1			9			4	5
		6				9	1	
9	5	4	1	7	8	6		3
8			7			4	3	
	4	1						
7			6	8	4			1
1				4	7			2
4				6			7	9
5	2		8		9	1		4

Puzzle 153

6	9				8	1		
		4		9			2	6
5	1	2			6	9		3
		6		5	4	3		
4	5		6	3		8	9	7
		9						5
			2	7		3		
	7		4		9		6	8
	4	5			3		7	9

Puzzle 154

		9				1		
5	4		1	6				7
			8	2		9		4
		6	2	1		3		5
1				4	6			
4			8			3	6	9
7			3	2		5		6
	6		5	9	8	2		
	9	5	6		1	4	8	3

Puzzle 155

2				8	4	7		
	8		9		1	5		
	7				3	4	8	9
8		9					4	6
3		4			2			
7		2	3				1	8
			5		7		9	
5			4		9	8		3
9	4			3		6		

Puzzle 156

		9	5	8	1	4	6	
		4		7				
				2				7
2						7	9	1
	8	7	1	9	5		2	
	3	1			7		4	
	5						8	4
		3	8		2	5	1	6
1	4	8	6			2		

Puzzle 157

		3		6	8	4	9	1
8	1	9	7				6	
5	4	6			3		2	
		7			5	1		3
6	5	4					8	9
	9				4	6		7
			5	1		3		
			4	7	6		1	2
			3	2	9	5		

Puzzle 158

			4			3	1	
	4					5		9
	9		7					2
5	6		3		2	9	8	
3				4		2	5	
	1	2	5			7		3
2	3	4	8	7		1	9	
	7		2				3	6
6			9			4	2	7

Puzzle 159

			7		6		1	4
8	7	6						
1	2					7	5	6
4				3		6		
		8	5		1	9		7
9					2			
7	8	1		5		4		
6		2	3	7			8	5
		3	8		2			9

Puzzle 160

			2		5	4		
7	6	9			1			
2			3		7	8	6	1
6	3	2			8	1	5	
			4	1	2			9
			6	3		7		
3		1	5	6	4	9	7	
8	9	7		2	3	5		
		6						

Puzzle 161

			4	2	8	9	5	
	4		6	5	3	7	1	
6			7		1			8
				8	6			4
			2	4				5
	7	4		1		8	6	
9	1		8				4	7
4			9	3		6	8	
	6							

Puzzle 162

				9	3			
					6		1	5
6	1	8	2	5		9	3	
7	6	3	8		5		2	
9	5		6		1		7	3
			9	3	7		5	
	2			7	9		6	
3	9	7		6		5		
5								

Puzzle 163

		1	7		5	6		
6	2	7	1		9			4
			6	2			7	
9		6				2		
1		5	8		2		6	
4	8				3		5	
2	1		3		8		9	6
8		9	2	7				
	5		4	9		8		2

Puzzle 164

	9				7	8	3	
	3		8		2	6		
6			3	4		7		1
3	7	2	6		1			
9		6	7	8	4			
			2	3				6
4			1	7				3
8		7		5			6	9
5		3	4	9		1	8	

Puzzle 165

8			4			9	3	
3			6					
		9	5		7	6	2	8
1				8	3			6
	7		1	4	2		9	
2			7				1	3
			2	6		3		9
				7		1		
5			8		9	7		2

Puzzle 166

1		4					2	9
2	7	6	5	8	9			
	8			2	1	5	6	7
			7		2	6		
3						4		5
6	9	7				2		1
5		2			3	1		8
	3				8		5	
			2		4			6

Puzzle 167

4	6	2				9	5	
		7					8	
	1	3		5		6	7	2
	8				2	3	9	
		6				4	2	
2			9			6	7	
3	2	8		9	4		1	6
					8	2		
7	5			1	6			8

Puzzle 168

	6							5
9	2	1			8		7	4
		8		1		6		2
	4	6				9		1
1	9	7	4	5		2	6	8
			6					3
	8	5	9			1		7
7		4			6		2	
2	3		1		5		8	6

Puzzle 169

	9			4	8	3		
		4	3		2	8	9	
	3		6		5			7
		9	1	6		2	7	
8		2		7		6		4
7	4			8	3		5	
				2		5	1	
	8	1	4		6			3
		7	9	3				6

Puzzle 170

	3		9	1				4
1		9				5	3	6
7	8			3	4	2	9	1
8	2		7	4			5	
9		1		6	2			
	7	3	8					
				2	7		6	5
5	6			9				8
	1				6		4	9

Puzzle 171

	2		6			1	5	
	1				5		4	
	6	9		4				2
9		5	1			3		
6		1	4		2	8		
2	7	8		3	9	6		
	5	6	8		4	2		
3		2		5				1
		4	2	6				

Puzzle 172

8		7		2		5		6
9							7	
6	1		3		7	2		9
		4		7		9	5	3
2				5	9	7		4
	5		1	4			8	
	7					3	6	
3	9					4	2	
5	6	2	7				9	1

Puzzle 173

9	7	8	3	6		2	1	5
6					5		8	7
				9			6	4
4	8		1	3	2		5	
	5	6	8	7		4		1
2		1						3
5		2		4		7		
	3	4	5					6
	1	9	6					

Puzzle 174

9			5	1	6			
5	7	8	3	2	9			6
3	6		8			9		5
		6				2	3	
	3		6	8		7	4	
	4				3		5	
1	5		4		8	3		
	8					1		
4						5		7

Puzzle 175

6	8							2
		9				5		
7	4		2				8	
	5		8	1	4		6	9
9		4	3		5	2	1	
	7	6				5		
4				5		8	3	6
5	9		4		3	1		7
		8	7	2				

Puzzle 176

	6	5	2		4	8	1	
4			7	1			5	3
	3			6	9			
	4		9					
	9		8			1	2	6
		1						
3	5	2	4		6		8	1
6		7	1		2	3	4	5
								2

Puzzle 177

	5	2						
	8		4		2	5		
	1	7		5			4	9
7					5		6	3
	9	6				7	2	5
			9		7	1		
5	6		2	8		3		
8		3	5	9		4		2
	2		3		4	8		6

Puzzle 178

	6	9	1	8		7		
3	8		9		7	2		
	4	7		2		9		8
	5							9
6	3			9	2			5
8		2	4			7		
9		8		6		5		
		6	8		5	3		
5	7	3	2				8	6

Puzzle 179

			7		1		8	
		6		8	3		2	
9	3		6	2	4	7		1
			2		7			9
			8			6	5	
2				3			1	
6	7		9				3	
		3	1	5	2	4		
		2				1	9	8

Puzzle 180

1	8				3			
7	4	3		6		1	2	9
	5	9		7		3	6	8
				3				
6				8	4			
3		4	5	9	6	8	1	2
		1						
4	6		7	5	1		9	3
	2	7		8		6	4	

Puzzle 181

8	5	3					2	
								8
				6			9	5
1				2	4	8		3
5		6	9		8		7	2
	4		3	5	7	9		1
6	2	1	4			5		
4	9	7				2		
3							1	

Puzzle 182

	4		2		1		8	
		6	5			2	7	9
2	7	8			9		1	
	3		4		8	9		
9			6		7	8	2	
		1		2	5			6
		7		9		5		
	2	3	8	5		7		4

Puzzle 183

	1	9	3					5
					6		1	4
	6		1	5				
	2		7		9	8		1
5	9	6	2			3	4	
		8		3	4		9	
9		1				5		2
2	8				5	1		
	3		8	1	2			9

Puzzle 184

	7	8				5	1	9
				8			6	
6				1	7		4	
			8	9	2	6		5
2				5		4	8	
8				3		9	7	
		6			8		9	
3		4	2			7		8
7		9		4	1			6

Puzzle 185

		5	2	9	7			
6		1	4	5		9	7	2
9	7	2	6			4		
2		3	7				1	8
				3			6	4
	5	4						9
3		7						6
	2	6	3	8	5		9	7
5	9	8		7		2		

Puzzle 186

	5	9			4	6		1
1	4			2			7	8
	2						5	3
8		2		9		7	1	4
	9							5
5		7		4		3		9
2			9	7	3			
9	7	4		1				
6		1					9	

Puzzle 187

6	3	1						8
		5		1	9		7	
7	4	9		8		1	2	
			8				1	4
5	2	6	9			8	3	
			3			5		9
8	5	2	1	3		4	9	6
	6			9		7		
			5	6	4			

Puzzle 188

		2	8	4	9			
6	7		5	2	3			1
5	9	8	7			3		4
								5
	2	1	3	6			4	
8	5	3				7		2
2	6	7	9	5		4	8	
4		9			8			
						6	1	9

Puzzle 189

		3	1		7	9	2	
						4		1
	4	7		9		3	5	8
9	8			3	1	6	4	
		6	2	5		8		9
4					8		3	
7	9			1	6		8	3
6		8				7	9	5
	3			7				

Puzzle 190

1		8				7		
6	5			4			2	
		2	9				8	
8			5		4	9	7	
		3	6	2	9			5
5	9					2	4	3
9		7	4		6	1	3	
							9	
2		5	7				6	8

Puzzle 191

		2			7	8	3	
	7			3	1	4		2
1	9		2	8	4			5
	3			6	5	1		8
5	2					7		
				1		3		
		7	1			9		
4	1		5	7			6	
		6	3	4			1	7

Puzzle 192

8				9		1	6	5
2		6		8				
	1	4	7	5		2	3	
7			5	4			8	
1		9			8	5		
	5				1	6		9
	2		3	6		9		
6	9	7	8	1				
	3				7	8	5	6

Puzzle 193

1	5	2		4	6	3	8	9
	9	8		1	3		5	
3	4		8	5		1		2
	8				1	6	2	
	7			6	2	8		3
	6	5		3		7	9	1
5			3					
			6	9	5			
6					4	5		

Puzzle 194

4		3			2		8	
	2		4	1	6			
	6	5	9		8	2	1	4
	4		8		5	1	2	6
6			3				4	
							5	3
	7	4	2	8	9			
1	8			7	3			2
	3			6				8

Puzzle 195

1	7		3		8		6	
		5	7	6		1	2	
3	6	4			9	8		5
4			9	2			1	8
5	9		1		7			
6				3	5			9
		9	6					
				7		2		1
	1	3			2		8	

Puzzle 196

9					5	7	6	
		1	3		8	5	9	2
8		2		6	9		4	1
1		4	2				7	5
2	9		4	8	7			3
	7		5	1				
5						1	8	6
4	1		8	5		9		
						2		

Puzzle 197

		9	1		3		5	
5		7		6			1	
2	8		5	7	4	3		
	6					9	4	2
4				9				6
1	9		4	2				8
3			9				2	5
	2	6	7				8	1
8		5		4		7		

Puzzle 198

				3		4	9	7
5		7	8	4				
4	3		7		6			2
	4	6	2			9	5	3
			1		3	6	7	4
	7			6	9	1		
		8	6			2		
	3				7	8		
						7		6

Puzzle 199

	3		4	9	5	7		
8			7	2		1	4	
7								
	6		9		8			4
2	9	7	5		4	6		
						5	9	
9				7			5	1
			3	4	9		6	2
	6	2			1			7

Puzzle 200

6		9		3			7	
		5		9				3
3	1			6				
4	8				2	1	6	
		2			8		9	
9		7	4		6	3		2
2	3					7	1	5
	4	6		2			3	9
			7	8	3	2		6

Puzzle 201

8		7	2		5			6
9			3	1			8	
		6	8	7		5	2	
	3		9	8	1	6		
7	9		5		3			
5	6	1	4			8		
				4		7	3	8
	7		1	5	8			
		4		3	9	2		

Puzzle 202

			8				9	1
4	1		3		5		7	2
		3			1	5		8
				5	8	1	2	
5		1			9		6	
8	2	4					5	
3			1	7		4		
	8		5	6			3	
2					3	7	1	5

Puzzle 203

		7	8		9	5	1	3
5						8	9	7
		8		1			2	
8	7		2	5	4	9		1
	2			3				6
9			1	7		4	8	2
	4					1	6	
		1	3		7	2		9
	8	9	6	4		3		

Puzzle 204

	5		7		9	6	8	
		8			1			
4	3		5		8			2
3	1				6			7
7	8	5			3	2	6	4
2		6		8	7	5	3	
	2	3		1		7	5	
8					5		2	
5				3			1	8

Puzzle 205

			7		5	3		6
5		6				7	2	8
	3		8		6		5	9
	5	7			8			3
9			3			2		
3	6	2	9	5	1	4		7
		3	5				9	4
	4		1	9		8		
8	2			4			3	

Puzzle 206

1	2	6			4		5	
	7			8			2	
4			2					6
	5	9		2	3	4	1	
8			5	4	1		6	7
			8	7	9		3	
9		7			2		8	
2	8		3					
3			4			5		2

Puzzle 207

	5	9	4					
	1		8	5				3
6			3	1				
8	7	1	9				3	4
4				8		5		
5						6	9	
2				7	4	8	6	
		7		3			2	1
	4	8	6			3	7	5

Puzzle 208

		6	5					
8			4		9			
	9			1	8	4	2	3
5	6	1			2	9		
			1	9		2		5
				8				6
9	2	7						
6	8		5	3		1	9	2
1		3				7	6	

Puzzle 209

9	5	2	6	1		3		
		1	2			6		9
8		6	5		9			4
	9			8	5	2	1	
2		5		6			4	
6		7	4		3	9		
7	3		8			5		
1						4	9	7
				4	7		3	

Puzzle 210

1		9	8		3		2	
		7		9	5	4		
		5	7	6				8
9		2		8	1			
3	1	8	9			7	6	
						8		1
	8						5	
	4		5			1		6
	7	1	4			2		9

Puzzle 211

6		7	3	2	1	8	5	9
	9		8	7				
	1	8			9	4		7
		4		1			9	8
						1		
	8	9	7		6			4
4	3			8	2	9		
		1						
	5	2	1			3	8	

Puzzle 212

2		4		3	7	8	6	9
	6	8		9		4		3
	3			8		2	5	
			2		5			
8			6	1		5		2
	5			3			7	6
	3		5			6	2	
5	7	2	6			3	4	
	8	1		4			9	

Puzzle 213

		7	4	1		2	9	6
2	1	9	3			7		4
4	8	6	9				3	
9				7	2			3
7	4							
8		3	5					
6		8	7	3	1			9
3	7	2		9			1	
		4		5	6			

Puzzle 214

								3
7	5	9	1	3	2		6	
2	8					5	7	
5	7	1	9		6		4	
	2	8	7	4			5	
4	3			5	1	7		
3			2	8			1	
		2		1	7	4		
8			4					2

Puzzle 215

5		1		3		9		
		3						5
4	9				1	7		
8	3	6	4	1	2		7	
		7	3		5		8	
9	1		6		7	4		2
		2		6		3		
			5	7		8		4
3		4	1	2	8			

Puzzle 216

		3	6		2			
6		1	5		7	2	9	
		7	8	1	3	4		
3	2		1					4
		9	3	5	4	1		2
			9		6		3	
			2	3	1			
	6			8		3		
8			7		9			

Puzzle 217

			1					
1	5	8	3		7			
9			4	5	2		6	
8	6	3		9			7	5
4	7	5			8			1
2		9	7			3		
3		1			4	6		2
	9	2				5	3	
						8	1	

Puzzle 218

	8			6		3	5	2
					2	1	8	7
5		2	8				4	9
1	2			7		5	9	4
9		6		5	8	7		
			9				1	
	9		3		5		6	
4			7					
		3		4	6	9		1

Puzzle 219

3				9	7			
		7					9	1
	8					4	7	
		6	7			1	4	5
		8		6	4		3	2
7	3		1	5	2	9		8
1						5		
	7		5			6	2	4
	6	5	8			3	1	7

Puzzle 220

					4	8	7	
				6		1	4	9
4		9		1		2		6
		4	3		9	5		
8		3			1		9	2
			8			4		
7			1	8	2	9	6	
	8						5	1
6		1		3				8

Puzzle 221

		8	7	9	4			
7						9	5	6
9	2	3	6	1	5			
3		6			1	5	4	
4	9	2	8					
1		7			3			
6			2	4		1		7
	7	4		3		6	9	
8						2	3	4

Puzzle 222

3	1	9	4			6		
			9	1			3	
				5	9			8
			1	2		5	4	7
5				9				
8		7		3			6	
2		6	9					1
1	8		2		4	7	9	
7	9	4					8	2

Puzzle 223

```
8 . . | 1 4 3 | . . .
4 9 . | 6 . 5 | 7 3 .
. 3 6 | 7 . . | 1 4 2
------+-------+------
. 5 8 | 3 . . | . . .
. . . | 8 . 4 | . . 7
2 . 3 | 9 7 . | . 1 .
------+-------+------
9 2 7 | 5 . . | . 8 .
1 . . | 5 . 3 | 8 2 .
3 . . | 4 2 9 | . 5 .
```

Puzzle 224

```
4 . . | 5 1 . | 3 . 7
. . 5 | 8 7 . | . 9 4
6 . . | . . . | 5 . .
------+-------+------
7 . 2 | . 5 8 | 9 . .
. 3 4 | . . 9 | . 1 .
. 8 . | . 3 . | 4 7 5
------+-------+------
8 . . | 1 . 5 | 7 . 6
2 . . | 8 4 . | 1 . .
3 . 1 | . . . | . 4 8
```

Puzzle 225

```
3 1 . | 7 . 4 | 6 . 5
. 5 7 | . . 8 | . 1 4
8 . . | 1 3 5 | . . .
------+-------+------
4 3 . | . 7 . | . . 2
. . 6 | 5 8 . | 1 4 .
. . 1 | 4 . . | . 9 .
------+-------+------
1 . 3 | . 4 . | 6 . .
. . . | . . . | 9 3 7
7 . . | . . 6 | 4 . 1
```

Puzzle 226

```
8 7 . | . . 4 | . 5 .
. . . | . 5 . | 1 8 .
9 5 1 | 2 8 6 | . 3 .
------+-------+------
6 . 2 | 3 . 8 | . 9 .
. . . | 5 . 1 | . . .
. . . | 4 . 2 | 6 1 3
------+-------+------
1 . . | . . . | . . 8
4 . 9 | . . 5 | . . 1
. . . | 6 . . | 2 4 9
```

Puzzle 227

```
. . . | 6 . . | 8 . .
6 . . | . . 3 | 2 4 1
. . 5 | . 2 . | 3 . 7
------+-------+------
5 . . | 1 3 6 | . . .
4 9 . | . . 2 | . . 3
7 1 3 | 4 . . | 6 . .
------+-------+------
3 . 7 | 2 . . | 9 . 4
1 . 8 | 5 4 . | . . .
9 2 4 | 3 . . | . 8 6
```

Puzzle 228

```
7 4 6 | . 8 2 | . . .
. . . | 5 . . | . 6 7
. . . | . . . | 8 . .
------+-------+------
. 6 5 | 7 . . | 2 . 9
. . 7 | 1 . . | 3 4 .
8 . 3 | 4 . . | . 7 6
------+-------+------
3 . 1 | 2 6 . | 7 . 4
. . . | 9 7 . | 1 . .
5 . 2 | 8 . . | 6 . 3
```

Puzzle 229

5		1	6	8	2	7		
	9			1		5		6
8		7	5			3		2
		6	9		4		3	
7	5				6			1
	2		8		1			
	7	2			5			
9			3			1		7
6					7	9		

Puzzle 230

4	3		6		2			
	6	1	3					
5		8			9	4	3	
6	8	3	4	2	7		9	
	9		8			2	4	3
	5		9		1			
8	1	2	7	6				
3			2	9		7		
9			5		4			

Puzzle 231

		7		1	9	2	8	
1			7	5		4		9
			2	3				5
6		5		7	1	8	4	
			5	8				2
		8		2				
7		9	1	6		3	2	
	8	6		4		7	9	
2							5	

Puzzle 232

	4	1	7					6
5	6	3				7	8	
		8	3		6		2	1
6			1					
3	2			8				7
	1	4	9	6		2		5
	2		9					3
9				1		5		
	5	6		3		7	9	

Puzzle 233

1			5		6			4
			1	9	8	2	5	
				3	8			
7	8			6		4		3
6			4			9		5
5	4		3				6	
9				7	6			
	7	6	8		9	5		
	1				4		7	9

Puzzle 234

8			9			1	4	5
		7			6	3		
	3		2			6	9	
		6	5		4	8		9
1	8		3		9	2	6	4
2	9		6				5	3
			8			7		
				6	5		2	
	1	8			2	4	3	6

Puzzle 235

			1		5	2		
3	6	5		8		1	7	
1			4		3	5		
	8		2	9	1	3	6	
		7	5	4		8	1	
	1						2	
7		3	6			9		
		6	3	1	9			
9				2				8

Puzzle 236

							3	
4			9	3		5		2
	8		4		2			
5	6		2	7				
		4	5	9	1			6
	7			4			9	
9	4		7	2			6	
			1		9	4	2	7
	2	6		4		9	5	

Puzzle 237

				7	2		5	4
2		6	3			7	1	
3	7			9	1		8	2
1	5		8		7	9		
						4		
8				4			7	5
6	2	7	1		8	5	9	3
	1					8	6	7
	9		3	6		2		1

Puzzle 238

3	8	1				6		
	7	6	8	9				5
			3	7	6			2
		3		6	4			8
	6	2	7	1	9	5	4	3
4				8		7	9	
1				4		9	5	7
		7	9	8			6	
6	3						2	4

Puzzle 239

	2							
		9	2	8	4	1	6	
	6		9	7	3	4	8	
		7				2	3	
8	3	2	5			9		1
9	1				7	6	5	
1		3				2		
7		6			2			9
		5	7	9				6

Puzzle 240

9	5			2	3		6	
	1				6			2
	6			8	4			3
5			3	7				8
					2	5		7
	9	2		6	5	3		
6	2	4				7		
		9	2		8	4	3	6
	3		6				1	

Puzzle 241

		7	2		9	4		8
2	9	8	4	5	6			
4		5		3	8	9	2	
9					7	1		2
	2	3				5	7	4
7			8			3		
3	6	2						5
1	8		5			2		
		4			2		3	

Puzzle 242

	6	7	5		9			1
5	3		7		2	6		
	9		4				7	5
	4	5	8		6		9	
3		6	9			7	5	
8	1			7			2	
6		4	1	9	8	5	3	
		3						
9		2			3			7

Puzzle 243

7		8			4			5
			8				9	3
	5	6	7	2		8		1
	1					2	6	4
4	9		1	6		3		
	6							9
1		9	2	7	5	4	3	6
6	2		4		8	1		
					1			

Puzzle 244

6	3	5		7			1	2
4	2			8				5
1	8			3		9	4	
					7		5	
9	5	3	2	1	6			7
	1	4	8		3	6		
8	7		3	6	5		9	4
		6			8			
					9			8

Puzzle 245

1	5	6	2	9		4		
4		3	1				8	
2	7	8	3			1		
		1			9	2		
	4							
6	3		7	8	1	9		
	2	4					7	
	6				5			1
	1	7		3	2	5	4	

Puzzle 246

7		9		6	4			8
			8		7	4		
	4			9	5	7		
			7	5		9		
	9			4	3		7	1
				1				4
4	8	2			6		3	
9	7	3				5		
5	1			3	9	8	4	7

Puzzle 247

		5	1			8		
8	9					2		4
4		2	3	8	9		1	7
			9	2	1			3
3			7	6		4		
			4	1	3	6	8	9
		6	9		5	3	2	8
2	5	3			6	9		
9		4	2					

Puzzle 248

8		4	3	5		1	6	
9		3		6	7		2	
6		7		8			5	
1	7	6						4
	4		8			6		
	9	8	6			2	7	
7	6					3	4	9
		9		3	6		1	2
4						5		

Puzzle 249

			8	7	3			1
9		1	3				2	
7			4					6
5			9	4				8
	6	4	1	5		7	9	3
8	7		6		3			
4				6		8	1	
				1				2
1		6			2			4

Puzzle 250

1		4			2	7	3	
		5		3		9	1	
3	7		9					4
				8			7	9
2	8	9		7		1		3
		5		4				
5	3					8	7	
			5				2	1
		4	2			6	3	5

Puzzle 251

				8	6	4		5
7			3	1				
	1	8	2	9		7		
4	5		8	7	9	1	2	3
1			6	3	2			4
	3			4				9
3	7	9	4	6	8			
		1						8
6	8	5		2			4	7

Puzzle 252

	1	4				6	7	3
		5		7	3	4	1	8
8		3		1				
5		6	3		1			
2			7	8				6
	8		6		5	2		1
4		8			2		9	7
			8				2	
		2	5		7	8	6	4

Puzzle 253

5			8	7	6	3		
3	7			9			1	8
9	2	8	1	3	5			6
8	3		9		4		5	
				2				7
			3		7	9		4
7		2					6	
	5	4	6			7	9	2
6	9		7		1		4	

Puzzle 254

1					6	9	7	
	7	9				6	2	
3	8	6		9			5	
		4	8	5		7	1	
6	1			3		2		
2	5	8					9	4
4					8		3	7
8	2	3		6	5		4	
	9	5	3					2

Puzzle 255

9	8			3	4	5		
			9	5	6	8	7	
2						4	9	
			8				3	
	9	6	3		5	2	4	1
		2	4	6		7	8	5
6	3	8	5			9	2	7
	7		6		3	1	5	
								4

Puzzle 256

			9	6		3	8	
1	6					7		9
9	2	3	7	4	8		1	
8								3
3	5			7		4	9	8
2	9	4	1					7
7	3	9			6	2		
	8			3			7	
			2	9	7			

Puzzle 257

1	6							
		3		6				
4		8	5		7	6		1
			4	2		1	7	8
8	3		7		5	2	6	
	1	2			9	3	4	5
		1	8	5				2
		7		3	4		1	6
	9	6		7	2			

Puzzle 258

	5	4	1	6	3	7		9
3		7				6		
			9	5			4	
	6			1				2
5			7			8		4
	7	2	8	4		3	1	
1	4			7	8	9	6	5
			5	3		4	2	
			6	9		1		

Puzzle 259

```
. 3 . | . 4 . | . . 7
4 . 2 | . 9 . | . 3 8
9 . . | 6 8 3 | 4 1 .
------+-------+------
. 5 9 | . . . | 3 6 4
1 . . | 4 5 7 | 2 8 .
. 8 . | . 6 . | 1 7 .
------+-------+------
. . . | . . 2 | 5 . 6
. 2 . | . . . | . . 1
8 . 6 | . 1 . | . . 3
```

Puzzle 260

```
8 3 . | . 5 . | . 1 .
. 5 . | 8 2 6 | . . .
. 6 . | . 1 7 | 8 . 4
------+-------+------
. . . | 5 4 3 | 9 . 7
9 8 . | . . . | . 4 .
. . . | 6 . . | . 2 1
------+-------+------
. . 8 | 2 . . | 4 . 3
3 . 2 | 7 . . | 1 . 8
. 1 . | . 3 . | 5 9 2
```

Puzzle 261

```
. 2 . | . 4 . | . . 6
. 9 8 | . . . | . . 1
1 . . | . 9 6 | 2 8 7
------+-------+------
. . 6 | 7 . 4 | 5 . .
3 7 9 | 1 8 . | 6 2 4
. 5 . | . . 9 | 1 . .
------+-------+------
5 . 4 | . . 3 | 8 . 2
9 . 7 | 5 . 2 | . 6 .
. . 1 | . 6 8 | . . .
```

Puzzle 262

```
. . 7 | . . 8 | 6 . 2
. 3 8 | 1 . . | 4 . 7
5 2 6 | . . . | . . 1
------+-------+------
. . . | . 6 . | . . 5
. 5 1 | . 3 4 | 9 2 .
6 9 . | 5 . 2 | 8 7 .
------+-------+------
. 7 . | . . . | . 4 3
. . 4 | . . 5 | 7 6 .
8 . . | 7 4 3 | 2 . 9
```

Puzzle 263

```
9 . 8 | . . . | . 2 .
. 6 . | . 5 . | 7 8 1
. 5 . | . 2 4 | . 9 .
------+-------+------
. . . | 2 . 9 | 8 . 7
. 2 9 | . 4 5 | . 6 3
. 4 . | . . 8 | . . .
------+-------+------
3 8 . | 5 7 2 | 9 . 4
4 . 5 | . . . | . . 2
. 7 2 | 4 . . | 5 . 8
```

Puzzle 264

```
8 . 1 | 7 9 . | . 2 .
4 9 3 | 2 8 . | . 1 .
. 2 . | . . 6 | . . .
------+-------+------
. 7 4 | 3 . . | 1 . .
1 . . | 9 6 . | . . .
9 . 6 | 1 . . | . 8 4
------+-------+------
7 5 . | . . 1 | 2 . 6
6 . 2 | 5 . . | 3 7 8
. 4 . | 6 . 2 | . . 1
```

Puzzle 265

7	3		2	8		9	6	
2			9		4		1	7
9	8		5	6	7	3		
6			1		3	4		8
1		3					9	6
	7							2
	1			7	5	2		
4		9			2			
8	2				9	6		

Puzzle 266

4	8	7	1					5
1	2	6	5		3	7		
		5	2			8		
6		8	9		7		3	2
	5	2	6		8			4
	4	9	3	2	5	6	1	8
		1	8	3				
8					1		5	
	9	3			6			

Puzzle 267

		7			3			8
4			6	2		1	9	
	6	8	9	1	7	5		3
1				5			7	9
3			1					
7	5						8	1
	4		7	8				5
8	9			6			2	4
5	7	3			4	8		

Puzzle 268

4				2			6	
	7				6			
6	3	9	7	4	5			
	8			7				4
9		1	6	3		5	8	7
	2				8	1		6
	6	2		9			1	
	9			8			5	3
			1	6	3		7	

Puzzle 269

8		6	9	7	4	1		5
1		4	2	8		6		9
3		9			1		2	8
			4		2		9	
			1					
		8	7	9		2	5	
5	6		8				4	
		2			5	9	1	
9		1	6	2		5	8	3

Puzzle 270

1		5				4	6	2
4	8		9	2		1		3
	2			4	5	7	8	
9			2		7			4
5	4		3		9		7	
	7			1				5
7					2		9	8
	5	2	8				4	
	6	9		7		5		

Puzzle 271

```
3 . . | 5 . 6 | 8 . .
2 . . | 1 . . | . . 6
6 5 7 | . . 8 | 3 1 .
------+-------+------
. . 1 | 6 . . | 9 . 7
7 . . | . . 4 | 1 6 .
. . 3 | . 1 . | . 2 8
------+-------+------
. . . | 4 . . | 6 . .
. 7 . | 3 2 5 | . . .
. 4 . | 7 6 9 | . 3 .
```

Puzzle 272

```
. 4 . | 1 3 2 | . 5 .
1 . 2 | . 6 . | . . 3
3 9 . | 8 . 4 | . . 1
------+-------+------
6 . . | . . 7 | 5 9 .
4 . . | . 5 8 | . . .
5 . . | 9 2 . | 8 . 6
------+-------+------
8 6 1 | 2 . 5 | 7 3 .
. . 4 | . . . | . . .
. . . | . . 3 | 6 . .
```

Puzzle 273

```
. . . | . 3 . | 8 . 7
7 . 4 | . . . | . 5 .
. 2 1 | 5 . . | 3 . 6
------+-------+------
. . 7 | 9 5 . | 2 . 4
2 8 . | . . . | . . .
4 5 . | . 6 8 | 7 . 9
------+-------+------
9 . . | 4 . 7 | . 3 8
. 4 8 | 3 . 5 | 1 . 2
3 7 . | 8 . 6 | . . .
```

Puzzle 274

```
. 4 . | . 6 . | 3 8 .
6 7 5 | 8 9 3 | 1 . .
. 2 . | 1 7 . | 5 . .
------+-------+------
4 . . | . . . | . 7 3
. 5 7 | . 1 . | . . 6
2 9 6 | 7 . . | . . .
------+-------+------
9 6 . | . . 7 | . . .
7 3 . | . . . | . . 4
. 1 2 | 3 . 6 | 7 . .
```

Puzzle 275

```
2 . . | 6 1 . | . . .
. . 7 | . . . | 2 6 .
. . . | 5 . . | . . .
------+-------+------
. 7 8 | 9 5 . | 6 3 .
. . . | . . 4 | . 7 9
1 . 9 | . 3 6 | . . 5
------+-------+------
. . 3 | 8 . . | 4 2 1
8 . 1 | . . 2 | . 9 .
9 . 2 | 1 4 . | 7 8 .
```

Puzzle 276

```
. 8 . | . 2 6 | 7 . .
. 4 . | 8 . . | . 9 .
2 . . | 7 4 . | . 1 .
------+-------+------
. 2 3 | . . 8 | 4 5 7
8 1 . | . . . | 9 2 3
. 7 . | . . . | 6 8 1
------+-------+------
. . 8 | . . 1 | 2 7 .
7 . . | 2 . . | 1 3 4
1 . 2 | . . . | 5 . 8
```

Puzzle 277

	3	4	9		8	2		
5			4	1		3	8	
8		2	5					6
	4		2		1	7		
9			3			1	6	
	5			7			3	
4	9	7	6				2	
		5	7	2			4	3
6		3	1	4				9

Puzzle 278

2		1						
		5		1		3	2	
	7	4					1	
1		3				2	5	
5	2	9	3				7	
8	6		2	5	1			3
	3	2	5			4	6	
		6			3	8		
		8	1	9		7	3	2

Puzzle 279

					7			8
	3	8				6		
7	6		8	4				
1				9				7
8	7		1	3	6		9	2
9	5	3						6
6	9	7		5	3	1		
3			7	1	4	9		
			6		9			3

Puzzle 280

9	5	1	6	3				4
4			9	5				6
			8	1	4	5	2	
5	6	9	2		3			
8	3							
2			5	7				
7		6			8	3		
		5			6		1	
	2			4	5	6		

Puzzle 281

5	8	4		3		6	1	2
	9	6	5			3	8	
	2	7			6		4	
							6	5
6					9	8	3	
	5			6	4			
		8	4		3	2	5	6
9		2			5			
4	6			2			9	3

Puzzle 282

						4		5
		1	5		6	2	9	
5		9				3	1	
	8		6		9			
6		2		7				
	9	4						
		8	1	6		7		3
1		6	7	2		5	4	9
	4	7	9		3			1

Puzzle 283

	4	5						
6			4					2
2	8	1		9		4		5
1		2		4	9		3	
	3				2			
		7	1		6			
4	5	8	9			6		3
7	2				1		4	
	1	9		6	4	2		

Puzzle 284

2	7		8	4	5		6	3
			6	9	2	5	7	
9	6			1			2	
6		8		3	1		4	5
4	5			8				7
7	1		5	2	4			
	2		1					4
1	8			7	3		5	
				2		3		

Puzzle 285

8		1		3				
9	7	2	8	6				
			7		5		8	2
	9	5	3	4	6	8		
	4		2	5			1	6
2						3	5	4
7				2	8			
		4	9	7		2		1
		9	5		4		3	8

Puzzle 286

	8	4	7	3	6		9	2
		7		5			6	
6	3	1		4	9		5	7
9	4			2				
		5	4	6				
7		6	5		1	3	8	
	6					7	2	
3			9					6
1	5		6	7				

Puzzle 287

5	8					3		
					6		8	1
4			3	8		5	2	
				1	8	7		
2	4	8		6		1	9	
7				2	3		6	5
1	9					6	5	7
6	3				9			8
		5	6	7	1			

Puzzle 288

9		7	3			4	1	
		1			4		9	5
6	4		9		1	8	3	2
7	3					5		
		9	4	3				7
	5	2		6	9		4	
5		6	2	8	3		7	
2	7		1					
			5		7	6		8

Puzzle 289

3	6			7			4	
1	9	2				6		
	7		5					1
6	2		4				8	3
5			9	8			2	
7			2	6		9		
4		6				1	7	9
	1		7					8
9	8	7			5	2	3	4

Puzzle 290

3	9	1	2	6			7	
6			3	4	7			
4		7	9	5				2
5	6			7	3	1	4	9
		9		2	4		3	8
8					5		2	6
9	5				2		8	
	3	6				2		7
2				3				4

Puzzle 291

9				4	6		7	
4	7			5	2	6		1
1	3				9		5	
		9		8		1		
		4	2	6			3	
6	8	3						
	6	1	5			9		4
8		7					1	5
	4	5						3

Puzzle 292

	1		7		6	9		5
3	9		2			7		
	8		4					
4	7			2	3	6	9	8
	2	3		6	9			
	6		1			5		2
8		7	6	5		2		
	4			7		8		6
6	5	2	9				1	

Puzzle 293

5					2	6		
	3			8				7
6		8	3	7	9		5	
	4	5			1		3	9
	1			6		5	4	2
	6		5	9		8		
9		6			5	4	8	3
4			2			7	1	
	5	1		4	7	2		6

Puzzle 294

	1		3	6	4	2	7	9
				9	2	3		
		3	1		7			4
7		6				8	2	
3	8		2	7			4	
2	4		8			7		3
	3	2	9			6	1	7
		9	6				5	
	5			1	8		3	2

Puzzle 295

					6	3		
1							6	2
	6	8	2	3		1	7	4
8								
		7	8		2	5	1	
	4	5	9	1	7	2		
4			3					5
	2	1		6	4	9	8	
9	5	3	7		8	6	4	

Puzzle 296

							2	8
	9				6	5	3	4
			8	3		6		9
9	1				4	3		2
6	3	4	1	5		8		
	5	7				4	1	6
		9	2	6	5	7		
	7		9			3	2	6
3	2		4	1			8	

Puzzle 297

	3					4		2
	1				5	8	3	
		5	8		4	7		1
9				3				
5	8		9		6	1		
		1	4		8	3		9
	5	8	6	4		9	1	7
4		2		1				
				8				3

Puzzle 298

6			7	3		2		9
1			6			4		3
		3	9			1		
7		5	2					8
8	4	2	9			3		5
3		6	5		7			2
9	2		4			5		
			8				9	4
	3	7	5				2	1

Puzzle 299

	3		8			4		
4		2	5	6				8
8			2	3	4	9		
1		5	9			7	8	6
	8		6	1			9	
6		9		5				
	6	8		2	5	1		
			4		6			5
				8			3	7

Puzzle 300

3		9	6			7		
2			8	7		6		
		8			1	2		5
8	7		4					1
4	9		2	1		3	7	
		2	3	7	8	4	6	
			9				4	2
9	2	1	5				3	
	8	4	2			9	5	

Puzzle 1

7	8	9	5	6	1	2	4	3
4	3	5	9	7	2	1	6	8
2	1	6	3	4	8	7	9	5
3	5	1	6	2	4	8	7	9
8	4	2	7	3	9	6	5	1
6	9	7	8	1	5	3	2	4
1	7	4	2	5	3	9	8	6
9	2	3	4	8	6	5	1	7
5	6	8	1	9	7	4	3	2

Puzzle 2

8	9	5	2	7	4	6	1	3
2	1	7	9	3	6	8	5	4
3	4	6	1	5	8	2	9	7
5	2	8	7	4	3	1	6	9
6	7	9	8	2	1	3	4	5
1	3	4	5	6	9	7	8	2
9	5	3	6	1	2	4	7	8
7	6	2	4	8	5	9	3	1
4	8	1	3	9	7	5	2	6

Puzzle 3

2	7	3	4	6	5	9	8	1
5	1	8	7	3	9	4	6	2
9	6	4	8	2	1	7	5	3
6	8	2	9	4	7	1	3	5
4	3	1	2	5	6	8	7	9
7	5	9	3	1	8	2	4	6
1	4	5	6	7	2	3	9	8
3	9	6	1	8	4	5	2	7
8	2	7	5	9	3	6	1	4

Puzzle 4

4	1	6	3	5	2	8	7	9
7	8	9	6	1	4	5	2	3
2	3	5	7	8	9	6	1	4
1	5	3	2	7	8	4	9	6
8	7	2	9	4	6	1	3	5
6	9	4	1	3	5	7	8	2
3	2	8	5	6	7	9	4	1
5	4	1	8	9	3	2	6	7
9	6	7	4	2	1	3	5	8

Puzzle 5

4	7	9	1	2	3	8	5	6
8	3	1	9	5	6	7	2	4
6	2	5	7	4	8	9	1	3
7	8	2	6	1	4	5	3	9
1	5	4	3	7	9	6	8	2
3	9	6	2	8	5	4	7	1
2	6	8	5	9	1	3	4	7
5	1	3	4	6	7	2	9	8
9	4	7	8	3	2	1	6	5

Puzzle 6

8	7	2	5	9	6	3	1	4
9	5	6	1	3	4	7	2	8
4	1	3	7	2	8	6	9	5
3	8	9	2	6	7	4	5	1
5	4	1	9	8	3	2	6	7
2	6	7	4	1	5	8	3	9
6	3	4	8	5	1	9	7	2
7	9	5	6	4	2	1	8	3
1	2	8	3	7	9	5	4	6

Puzzle 7

9	8	3	7	2	5	1	4	6
6	4	5	9	1	8	2	7	3
1	2	7	4	3	6	8	9	5
2	7	8	3	5	4	9	6	1
3	6	1	8	7	9	5	2	4
4	5	9	1	6	2	3	8	7
7	3	6	2	9	1	4	5	8
8	1	2	5	4	7	6	3	9
5	9	4	6	8	3	7	1	2

Puzzle 8

1	9	6	3	5	2	4	8	7
7	5	2	1	4	8	9	3	6
4	8	3	6	7	9	1	2	5
6	4	1	2	9	7	8	5	3
5	2	9	4	8	3	7	6	1
8	3	7	5	6	1	2	4	9
3	7	4	8	1	5	6	9	2
9	6	5	7	2	4	3	1	8
2	1	8	9	3	6	5	7	4

Puzzle 9

2	8	5	3	9	4	6	1	7
1	7	9	6	2	8	5	4	3
3	6	4	7	5	1	2	9	8
4	3	6	1	8	7	9	5	2
9	2	1	4	3	5	7	8	6
7	5	8	9	6	2	4	3	1
5	1	3	2	4	6	8	7	9
6	4	7	8	1	9	3	2	5
8	9	2	5	7	3	1	6	4

Puzzle 10

9	1	5	2	3	8	7	4	6
3	8	2	6	4	7	5	9	1
7	6	4	9	5	1	2	3	8
8	5	7	1	6	3	4	2	9
1	3	6	4	9	2	8	7	5
4	2	9	8	7	5	6	1	3
2	9	1	5	8	4	3	6	7
6	7	8	3	2	9	1	5	4
5	4	3	7	1	6	9	8	2

Puzzle 11

7	6	1	8	3	5	9	4	2
8	4	3	7	9	2	1	6	5
9	2	5	1	6	4	3	8	7
5	1	8	4	7	3	6	2	9
6	7	4	5	2	9	8	1	3
2	3	9	6	8	1	5	7	4
4	5	6	9	1	7	2	3	8
1	9	2	3	4	8	7	5	6
3	8	7	2	5	6	4	9	1

Puzzle 12

1	5	8	9	2	7	4	3	6
3	2	6	8	5	4	9	1	7
4	7	9	1	3	6	5	2	8
8	9	1	5	7	3	2	6	4
7	6	4	2	9	8	1	5	3
5	3	2	6	4	1	8	7	9
9	1	7	4	6	5	3	8	2
2	8	3	7	1	9	6	4	5
6	4	5	3	8	2	7	9	1

Puzzle 13

1	5	7	3	8	9	4	6	2
9	6	4	7	5	2	1	8	3
8	2	3	6	4	1	5	7	9
4	3	2	5	7	6	8	9	1
5	8	6	9	1	4	2	3	7
7	9	1	2	3	8	6	4	5
6	4	9	1	2	3	7	5	8
3	1	5	8	6	7	9	2	4
2	7	8	4	9	5	3	1	6

Puzzle 14

5	7	6	4	9	2	8	1	3
2	3	8	1	5	6	7	4	9
4	1	9	8	3	7	6	5	2
9	4	1	5	6	3	2	8	7
8	2	5	9	7	1	4	3	6
3	6	7	2	8	4	5	9	1
6	9	2	3	4	5	1	7	8
1	5	3	7	2	8	9	6	4
7	8	4	6	1	9	3	2	5

Puzzle 15

2	5	8	6	1	3	9	4	7
7	3	4	8	5	9	1	6	2
6	1	9	2	7	4	8	3	5
5	8	6	7	3	2	4	1	9
9	2	3	5	4	1	7	8	6
1	4	7	9	6	8	5	2	3
3	6	1	4	9	5	2	7	8
8	7	5	1	2	6	3	9	4
4	9	2	3	8	7	6	5	1

Puzzle 16

2	5	9	7	6	8	4	1	3
3	4	7	2	1	9	6	8	5
6	1	8	5	4	3	9	7	2
4	9	1	3	2	7	8	5	6
5	6	3	1	8	4	7	2	9
7	8	2	6	9	5	3	4	1
1	7	6	4	3	2	5	9	8
8	2	4	9	5	6	1	3	7
9	3	5	8	7	1	2	6	4

Puzzle 17

4	5	1	3	7	2	6	8	9
3	7	6	5	8	9	4	1	2
9	8	2	6	1	4	3	5	7
1	6	5	7	4	3	2	9	8
2	3	7	1	9	8	5	4	6
8	4	9	2	5	6	7	3	1
6	9	3	8	2	5	1	7	4
7	2	4	9	3	1	8	6	5
5	1	8	4	6	7	9	2	3

Puzzle 18

2	9	6	3	7	4	1	8	5
4	5	1	6	9	8	3	7	2
8	3	7	5	1	2	9	4	6
5	7	4	2	3	1	6	9	8
1	6	3	7	8	9	2	5	4
9	2	8	4	5	6	7	1	3
6	4	9	8	2	7	5	3	1
7	8	5	1	6	3	4	2	9
3	1	2	9	4	5	8	6	7

Puzzle 19

1	6	5	7	3	8	2	9	4
7	8	9	1	2	4	5	3	6
2	3	4	9	6	5	8	7	1
9	5	6	4	8	3	1	2	7
4	7	1	6	9	2	3	5	8
8	2	3	5	1	7	6	4	9
5	4	8	3	7	1	9	6	2
6	1	7	2	5	9	4	8	3
3	9	2	8	4	6	7	1	5

Puzzle 20

3	7	8	6	2	9	1	4	5
2	9	1	8	4	5	7	3	6
6	4	5	3	1	7	8	2	9
7	6	9	5	3	8	4	1	2
1	2	3	4	7	6	9	5	8
8	5	4	2	9	1	3	6	7
9	1	6	7	5	4	2	8	3
5	3	7	1	8	2	6	9	4
4	8	2	9	6	3	5	7	1

Puzzle 21

1	7	9	2	6	4	3	5	8
4	5	6	8	7	3	1	9	2
3	2	8	1	5	9	7	6	4
9	8	2	4	3	1	5	7	6
5	4	3	6	9	7	2	8	1
7	6	1	5	8	2	9	4	3
2	9	7	3	4	6	8	1	5
8	3	4	7	1	5	6	2	9
6	1	5	9	2	8	4	3	7

Puzzle 22

5	2	4	8	3	1	6	9	7
3	8	7	2	6	9	5	4	1
1	6	9	4	7	5	3	2	8
4	3	8	7	5	2	1	6	9
7	1	5	3	9	6	4	8	2
6	9	2	1	4	8	7	3	5
2	4	3	9	1	7	8	5	6
9	5	1	6	8	4	2	7	3
8	7	6	5	2	3	9	1	4

Puzzle 23

1	2	7	6	5	8	3	4	9
3	8	6	2	4	9	1	5	7
4	5	9	7	1	3	8	2	6
5	6	8	1	9	7	2	3	4
2	9	3	5	8	4	6	7	1
7	4	1	3	2	6	5	9	8
9	3	2	8	7	1	4	6	5
6	1	4	9	3	5	7	8	2
8	7	5	4	6	2	9	1	3

Puzzle 24

8	2	4	6	5	9	7	1	3
5	1	7	3	8	2	6	9	4
3	9	6	7	4	1	5	8	2
1	8	3	9	2	5	4	7	6
2	6	5	4	7	8	1	3	9
7	4	9	1	6	3	2	5	8
9	5	2	8	1	6	3	4	7
4	3	1	2	9	7	8	6	5
6	7	8	5	3	4	9	2	1

Puzzle 25

6	4	1	5	3	7	2	8	9
2	5	7	1	9	8	3	6	4
9	3	8	2	6	4	5	1	7
1	7	5	8	4	3	6	9	2
4	8	2	9	5	6	1	7	3
3	9	6	7	1	2	8	4	5
8	6	9	4	2	5	7	3	1
7	2	4	3	8	1	9	5	6
5	1	3	6	7	9	4	2	8

Puzzle 26

7	4	1	9	2	8	3	5	6
8	5	2	7	6	3	4	1	9
3	9	6	5	1	4	7	2	8
1	7	5	4	9	2	6	8	3
6	8	3	1	7	5	9	4	2
9	2	4	3	8	6	1	7	5
5	1	9	2	3	7	8	6	4
2	6	7	8	4	9	5	3	1
4	3	8	6	5	1	2	9	7

Puzzle 27

2	9	3	1	8	7	5	4	6
8	5	1	3	4	6	2	9	7
4	6	7	9	2	5	1	8	3
9	4	8	2	1	3	6	7	5
7	1	6	4	5	8	9	3	2
5	3	2	7	6	9	8	1	4
1	7	9	5	3	2	4	6	8
3	8	5	6	9	4	7	2	1
6	2	4	8	7	1	3	5	9

Puzzle 28

8	1	4	3	2	9	5	7	6
7	9	5	8	1	6	3	4	2
3	2	6	5	4	7	1	9	8
5	3	1	2	8	4	7	6	9
4	8	7	9	6	1	2	5	3
2	6	9	7	3	5	4	8	1
1	4	3	6	7	8	9	2	5
6	5	2	4	9	3	8	1	7
9	7	8	1	5	2	6	3	4

Puzzle 29

3	6	9	4	8	5	1	7	2
8	7	4	6	1	2	5	9	3
1	5	2	3	9	7	6	4	8
6	1	5	9	3	4	8	2	7
2	4	3	7	5	8	9	1	6
7	9	8	1	2	6	4	3	5
5	8	1	2	7	9	3	6	4
4	3	7	8	6	1	2	5	9
9	2	6	5	4	3	7	8	1

Puzzle 30

8	6	4	1	5	3	7	2	9
3	2	5	8	9	7	4	6	1
1	7	9	4	6	2	8	3	5
7	1	6	9	3	8	2	5	4
4	9	8	5	2	1	3	7	6
2	5	3	6	7	4	9	1	8
9	3	1	2	8	6	5	4	7
5	4	7	3	1	9	6	8	2
6	8	2	7	4	5	1	9	3

Puzzle 31

3	6	4	8	9	2	1	5	7
2	5	7	3	1	6	4	8	9
1	8	9	7	5	4	3	6	2
4	3	8	5	2	1	7	9	6
6	1	2	4	7	9	5	3	8
7	9	5	6	3	8	2	1	4
5	4	6	1	8	7	9	2	3
9	7	3	2	6	5	8	4	1
8	2	1	9	4	3	6	7	5

Puzzle 32

4	7	8	9	3	1	2	5	6
3	5	1	6	2	7	8	9	4
6	2	9	8	4	5	3	1	7
2	9	6	1	8	3	4	7	5
7	8	3	5	9	4	6	2	1
5	1	4	7	6	2	9	8	3
9	4	5	3	1	8	7	6	2
8	3	7	2	5	6	1	4	9
1	6	2	4	7	9	5	3	8

Puzzle 33

3	8	6	1	5	9	2	7	4
1	4	2	3	7	8	6	9	5
9	5	7	4	2	6	3	8	1
4	6	9	2	3	7	5	1	8
2	7	8	6	1	5	4	3	9
5	3	1	9	8	4	7	2	6
6	1	4	7	9	3	8	5	2
8	2	3	5	4	1	9	6	7
7	9	5	8	6	2	1	4	3

Puzzle 34

8	2	4	1	7	6	9	5	3
7	9	6	2	3	5	1	4	8
1	3	5	8	9	4	2	6	7
3	8	9	4	6	2	7	1	5
4	6	7	3	5	1	8	9	2
5	1	2	7	8	9	4	3	6
9	5	1	6	2	8	3	7	4
2	4	3	5	1	7	6	8	9
6	7	8	9	4	3	5	2	1

Puzzle 35

2	9	4	3	6	5	8	1	7
5	6	8	7	1	2	9	3	4
1	3	7	8	9	4	2	6	5
4	1	3	9	2	6	7	5	8
8	2	9	5	3	7	1	4	6
6	7	5	1	4	8	3	2	9
3	4	2	6	7	9	5	8	1
9	8	1	4	5	3	6	7	2
7	5	6	2	8	1	4	9	3

Puzzle 36

5	1	4	6	8	2	3	7	9
8	9	3	4	1	7	2	6	5
7	2	6	5	3	9	8	4	1
9	6	8	7	2	1	4	5	3
2	7	5	9	4	3	6	1	8
4	3	1	8	6	5	7	9	2
3	5	9	2	7	6	1	8	4
1	8	7	3	9	4	5	2	6
6	4	2	1	5	8	9	3	7

Puzzle 37

8	1	2	5	6	7	3	9	4
7	9	5	8	4	3	1	2	6
6	4	3	2	9	1	8	7	5
1	8	4	3	7	9	6	5	2
5	6	9	1	8	2	7	4	3
3	2	7	4	5	6	9	8	1
9	3	8	6	2	4	5	1	7
2	5	6	7	1	8	4	3	9
4	7	1	9	3	5	2	6	8

Puzzle 38

8	3	5	6	4	9	7	1	2
4	9	1	7	5	2	6	3	8
7	6	2	8	1	3	4	5	9
3	2	9	5	7	4	8	6	1
5	8	4	1	9	6	3	2	7
1	7	6	2	3	8	5	9	4
6	4	8	9	2	5	1	7	3
9	5	7	3	8	1	2	4	6
2	1	3	4	6	7	9	8	5

Puzzle 39

5	3	1	8	2	9	7	6	4
2	7	4	3	5	6	1	8	9
6	9	8	7	4	1	5	2	3
3	8	2	4	1	5	6	9	7
4	1	6	9	8	7	3	5	2
7	5	9	2	6	3	8	4	1
1	6	3	5	9	2	4	7	8
8	2	7	6	3	4	9	1	5
9	4	5	1	7	8	2	3	6

Puzzle 40

1	4	9	2	7	5	8	6	3
3	8	6	9	4	1	5	2	7
2	5	7	8	3	6	1	4	9
8	7	5	3	9	4	2	1	6
9	2	4	1	6	8	3	7	5
6	3	1	5	2	7	4	9	8
7	6	8	4	1	3	9	5	2
5	1	2	6	8	9	7	3	4
4	9	3	7	5	2	6	8	1

Puzzle 41

8	7	6	5	2	3	4	9	1
5	4	3	1	8	9	6	2	7
2	1	9	7	6	4	5	8	3
1	6	8	2	9	7	3	5	4
9	2	4	3	1	5	8	7	6
7	3	5	8	4	6	2	1	9
6	8	7	4	5	1	9	3	2
3	9	2	6	7	8	1	4	5
4	5	1	9	3	2	7	6	8

Puzzle 42

1	4	2	9	3	7	8	6	5
8	3	7	6	2	5	1	9	4
5	6	9	1	4	8	7	2	3
3	7	1	8	9	6	4	5	2
4	9	5	7	1	2	6	3	8
6	2	8	4	5	3	9	7	1
9	1	3	5	6	4	2	8	7
7	5	4	2	8	9	3	1	6
2	8	6	3	7	1	5	4	9

Puzzle 43

6	4	7	8	2	3	1	5	9
1	5	3	4	9	7	8	2	6
9	2	8	6	5	1	4	7	3
2	9	1	7	8	5	3	6	4
3	7	6	1	4	2	9	8	5
5	8	4	9	3	6	7	1	2
4	3	5	2	7	8	6	9	1
8	1	2	3	6	9	5	4	7
7	6	9	5	1	4	2	3	8

Puzzle 44

9	5	1	6	3	7	8	2	4
2	7	4	8	9	5	6	3	1
6	8	3	2	1	4	9	7	5
4	1	2	5	6	3	7	9	8
5	9	6	7	4	8	2	1	3
7	3	8	9	2	1	4	5	6
3	2	5	4	8	9	1	6	7
8	6	7	1	5	2	3	4	9
1	4	9	3	7	6	5	8	2

Puzzle 45

8	4	1	9	5	2	6	7	3
6	7	3	8	4	1	9	2	5
9	2	5	7	3	6	4	8	1
4	6	7	3	8	9	1	5	2
2	1	8	5	6	7	3	4	9
5	3	9	1	2	4	8	6	7
1	8	4	2	7	3	5	9	6
7	9	6	4	1	5	2	3	8
3	5	2	6	9	8	7	1	4

Puzzle 46

7	4	3	1	2	6	8	9	5
5	2	9	4	8	7	3	6	1
6	1	8	9	5	3	7	2	4
3	6	5	7	4	8	2	1	9
8	7	1	5	9	2	4	3	6
4	9	2	3	6	1	5	7	8
2	5	4	6	3	9	1	8	7
9	3	7	8	1	5	6	4	2
1	8	6	2	7	4	9	5	3

Puzzle 47

4	2	1	8	6	5	9	3	7
7	5	3	2	4	9	8	1	6
9	6	8	1	3	7	5	4	2
6	4	9	7	1	2	3	8	5
1	7	5	9	8	3	6	2	4
8	3	2	6	5	4	7	9	1
2	9	6	3	7	1	4	5	8
5	1	7	4	9	8	2	6	3
3	8	4	5	2	6	1	7	9

Puzzle 48

8	6	9	2	4	5	7	1	3
2	4	5	7	3	1	9	8	6
7	3	1	6	9	8	2	4	5
3	9	7	4	8	6	1	5	2
5	1	4	9	7	2	6	3	8
6	2	8	1	5	3	4	7	9
4	5	6	3	2	7	8	9	1
1	7	3	8	6	9	5	2	4
9	8	2	5	1	4	3	6	7

Puzzle 49

```
4 9 8 | 1 5 6 | 3 2 7
5 3 6 | 9 2 7 | 1 4 8
1 2 7 | 3 4 8 | 5 9 6
------+-------+------
2 6 4 | 8 1 3 | 7 5 9
8 1 5 | 2 7 9 | 4 6 3
9 7 3 | 4 6 5 | 8 1 2
------+-------+------
7 8 1 | 5 9 2 | 6 3 4
3 4 9 | 6 8 1 | 2 7 5
6 5 2 | 7 3 4 | 9 8 1
```

Puzzle 50

```
2 6 4 | 7 9 8 | 1 3 5
1 8 9 | 3 5 2 | 4 6 7
5 3 7 | 6 4 1 | 9 2 8
------+-------+------
4 5 1 | 2 6 9 | 7 8 3
3 2 8 | 4 7 5 | 6 9 1
9 7 6 | 8 1 3 | 5 4 2
------+-------+------
8 4 5 | 1 3 6 | 2 7 9
7 1 2 | 9 8 4 | 3 5 6
6 9 3 | 5 2 7 | 8 1 4
```

Puzzle 51

```
9 7 6 | 3 4 1 | 8 5 2
1 3 2 | 9 8 5 | 6 4 7
5 4 8 | 2 7 6 | 3 1 9
------+-------+------
6 2 4 | 8 1 3 | 7 9 5
7 8 1 | 6 5 9 | 4 2 3
3 9 5 | 4 2 7 | 1 6 8
------+-------+------
4 5 3 | 7 6 2 | 9 8 1
2 6 7 | 1 9 8 | 5 3 4
8 1 9 | 5 3 4 | 2 7 6
```

Puzzle 52

```
8 6 9 | 5 2 7 | 3 1 4
7 1 2 | 9 4 3 | 5 6 8
4 3 5 | 6 8 1 | 2 9 7
------+-------+------
2 7 4 | 3 5 6 | 9 8 1
9 5 6 | 1 7 8 | 4 2 3
1 8 3 | 2 9 4 | 7 5 6
------+-------+------
6 9 7 | 8 3 2 | 1 4 5
5 4 1 | 7 6 9 | 8 3 2
3 2 8 | 4 1 5 | 6 7 9
```

Puzzle 53

```
2 5 4 | 6 7 1 | 8 9 3
8 1 6 | 5 9 3 | 7 2 4
3 7 9 | 2 4 8 | 1 5 6
------+-------+------
7 3 1 | 4 6 2 | 5 8 9
4 8 2 | 1 5 9 | 3 6 7
9 6 5 | 3 8 7 | 4 1 2
------+-------+------
5 9 8 | 7 2 4 | 6 3 1
6 4 3 | 9 1 5 | 2 7 8
1 2 7 | 8 3 6 | 9 4 5
```

Puzzle 54

```
7 4 2 | 5 3 6 | 9 8 1
6 5 8 | 1 2 9 | 7 3 4
9 1 3 | 4 8 7 | 5 6 2
------+-------+------
3 8 4 | 6 5 1 | 2 9 7
2 7 5 | 9 4 3 | 8 1 6
1 9 6 | 2 7 8 | 3 4 5
------+-------+------
8 3 1 | 7 6 2 | 4 5 9
4 2 9 | 3 1 5 | 6 7 8
5 6 7 | 8 9 4 | 1 2 3
```

Puzzle 55

```
4 7 9 | 2 6 5 | 1 8 3
2 8 5 | 1 9 3 | 4 6 7
6 3 1 | 8 7 4 | 9 2 5
------+-------+------
9 2 8 | 7 3 6 | 5 1 4
7 6 3 | 4 5 1 | 2 9 8
1 5 4 | 9 2 8 | 3 7 6
------+-------+------
8 9 7 | 5 4 2 | 6 3 1
5 1 6 | 3 8 9 | 7 4 2
3 4 2 | 6 1 7 | 8 5 9
```

Puzzle 56

```
3 7 6 | 9 5 8 | 2 1 4
1 9 4 | 3 7 2 | 6 8 5
2 8 5 | 6 4 1 | 3 7 9
------+-------+------
9 3 8 | 1 2 7 | 4 5 6
4 5 7 | 8 6 9 | 1 2 3
6 2 1 | 5 3 4 | 7 9 8
------+-------+------
7 4 3 | 2 9 5 | 8 6 1
8 6 9 | 7 1 3 | 5 4 2
5 1 2 | 4 8 6 | 9 3 7
```

Puzzle 57

5	7	3	6	4	2	8	1	9
9	1	4	7	3	8	6	5	2
2	6	8	9	5	1	3	7	4
4	8	7	2	6	5	1	9	3
3	5	1	4	9	7	2	8	6
6	2	9	1	8	3	5	4	7
1	3	6	5	7	9	4	2	8
7	4	5	8	2	6	9	3	1
8	9	2	3	1	4	7	6	5

Puzzle 58

1	6	5	8	3	9	2	7	4
9	3	7	6	2	4	8	5	1
4	2	8	5	7	1	9	6	3
3	5	2	1	9	8	7	4	6
6	7	4	2	5	3	1	9	8
8	1	9	4	6	7	5	3	2
7	9	6	3	1	2	4	8	5
5	4	1	7	8	6	3	2	9
2	8	3	9	4	5	6	1	7

Puzzle 59

5	9	8	3	4	7	2	6	1
3	1	4	2	9	6	8	5	7
7	6	2	5	8	1	3	4	9
4	8	6	7	5	3	1	9	2
9	5	3	1	2	8	6	7	4
1	2	7	4	6	9	5	8	3
2	3	5	6	7	4	9	1	8
6	4	9	8	1	2	7	3	5
8	7	1	9	3	5	4	2	6

Puzzle 60

1	8	9	7	6	4	3	2	5
3	7	5	1	9	2	4	8	6
6	2	4	3	8	5	1	9	7
2	3	8	5	1	6	7	4	9
7	9	6	4	3	8	5	1	2
5	4	1	2	7	9	8	6	3
9	5	7	8	2	1	6	3	4
4	1	2	6	5	3	9	7	8
8	6	3	9	4	7	2	5	1

Puzzle 61

3	5	2	6	1	7	9	4	8
6	1	7	8	4	9	2	3	5
4	9	8	3	2	5	1	7	6
9	4	1	2	3	8	6	5	7
5	8	3	9	7	6	4	1	2
7	2	6	4	5	1	8	9	3
8	3	9	5	6	4	7	2	1
2	7	4	1	8	3	5	6	9
1	6	5	7	9	2	3	8	4

Puzzle 62

9	4	6	1	5	2	7	8	3
7	2	8	4	3	9	1	6	5
5	3	1	7	8	6	2	9	4
8	9	7	6	2	4	5	3	1
3	1	5	8	9	7	4	2	6
4	6	2	3	1	5	9	7	8
1	8	9	2	4	3	6	5	7
6	5	3	9	7	1	8	4	2
2	7	4	5	6	8	3	1	9

Puzzle 63

9	6	5	8	4	7	3	1	2
3	7	1	2	6	9	5	8	4
4	2	8	5	3	1	6	9	7
8	4	6	3	2	5	9	7	1
5	9	2	1	7	4	8	3	6
7	1	3	6	9	8	2	4	5
6	8	7	4	5	3	1	2	9
1	5	9	7	8	2	4	6	3
2	3	4	9	1	6	7	5	8

Puzzle 64

2	6	3	9	4	5	8	7	1
1	9	4	2	7	8	5	3	6
7	8	5	6	3	1	9	2	4
4	2	9	8	1	7	6	5	3
3	5	6	4	2	9	1	8	7
8	1	7	3	5	6	2	4	9
9	3	2	5	6	4	7	1	8
6	4	1	7	8	2	3	9	5
5	7	8	1	9	3	4	6	2

Puzzle 65

3	7	8	5	9	4	1	2	6
6	9	2	3	8	1	5	4	7
1	5	4	7	6	2	3	8	9
7	8	6	4	2	3	9	5	1
2	1	5	6	7	9	4	3	8
9	4	3	1	5	8	6	7	2
8	3	9	2	4	6	7	1	5
4	6	7	8	1	5	2	9	3
5	2	1	9	3	7	8	6	4

Puzzle 66

4	2	9	1	6	3	5	8	7
6	3	5	7	4	8	2	9	1
7	8	1	5	2	9	6	3	4
8	5	4	6	7	1	9	2	3
3	9	7	4	8	2	1	5	6
1	6	2	9	3	5	7	4	8
5	1	8	3	9	6	4	7	2
9	4	3	2	1	7	8	6	5
2	7	6	8	5	4	3	1	9

Puzzle 67

5	1	9	3	2	7	4	6	8
3	4	8	6	1	5	7	2	9
7	6	2	8	9	4	1	5	3
4	2	5	7	6	9	8	3	1
9	7	1	2	3	8	5	4	6
8	3	6	4	5	1	2	9	7
2	5	3	1	7	6	9	8	4
6	8	7	9	4	2	3	1	5
1	9	4	5	8	3	6	7	2

Puzzle 68

2	6	9	5	8	4	3	7	1
4	5	8	1	3	7	9	6	2
3	1	7	6	9	2	8	4	5
8	7	5	2	6	1	4	9	3
9	2	3	7	4	8	1	5	6
1	4	6	3	5	9	7	2	8
6	3	4	8	7	5	2	1	9
7	8	1	9	2	6	5	3	4
5	9	2	4	1	3	6	8	7

Puzzle 69

7	1	9	3	8	4	6	2	5
5	6	2	7	9	1	4	8	3
4	3	8	5	6	2	7	9	1
1	8	3	2	4	5	9	6	7
6	5	4	9	3	7	2	1	8
9	2	7	6	1	8	3	5	4
2	7	6	8	5	3	1	4	9
3	4	5	1	2	9	8	7	6
8	9	1	4	7	6	5	3	2

Puzzle 70

3	5	1	8	7	2	9	4	6
2	4	9	6	1	5	7	3	8
7	8	6	3	4	9	5	1	2
5	6	8	7	3	4	2	9	1
1	3	7	2	9	6	4	8	5
4	9	2	5	8	1	3	6	7
6	2	4	1	5	3	8	7	9
8	1	3	9	2	7	6	5	4
9	7	5	4	6	8	1	2	3

Puzzle 71

3	6	1	9	4	7	5	2	8
2	8	4	3	6	5	7	1	9
5	7	9	1	2	8	4	3	6
9	2	7	8	5	1	3	6	4
8	5	3	6	9	4	2	7	1
4	1	6	2	7	3	8	9	5
6	4	8	7	3	9	1	5	2
1	3	2	5	8	6	9	4	7
7	9	5	4	1	2	6	8	3

Puzzle 72

2	3	8	6	7	5	1	9	4
5	9	1	2	8	4	7	3	6
7	6	4	3	1	9	5	8	2
6	4	5	9	3	7	8	2	1
8	2	7	4	6	1	9	5	3
9	1	3	8	5	2	6	4	7
3	5	6	1	4	8	2	7	9
1	8	9	7	2	3	4	6	5
4	7	2	5	9	6	3	1	8

Puzzle 73

5	9	6	1	4	3	7	8	2
4	3	8	9	2	7	6	1	5
2	7	1	5	8	6	4	3	9
7	6	4	8	3	5	2	9	1
1	2	5	7	9	4	3	6	8
3	8	9	2	6	1	5	7	4
6	1	3	4	5	8	9	2	7
8	5	2	6	7	9	1	4	3
9	4	7	3	1	2	8	5	6

Puzzle 74

3	9	1	6	7	2	4	8	5
5	2	7	3	4	8	1	9	6
4	8	6	1	9	5	7	2	3
6	4	9	8	1	7	3	5	2
1	7	8	5	2	3	9	6	4
2	5	3	9	6	4	8	7	1
8	6	4	2	3	9	5	1	7
9	3	2	7	5	1	6	4	8
7	1	5	4	8	6	2	3	9

Puzzle 75

9	8	2	3	5	4	6	1	7
4	5	1	9	7	6	2	8	3
6	7	3	1	8	2	5	4	9
3	2	6	5	4	7	1	9	8
1	9	7	6	3	8	4	2	5
5	4	8	2	1	9	7	3	6
7	6	4	8	2	3	9	5	1
8	1	9	4	6	5	3	7	2
2	3	5	7	9	1	8	6	4

Puzzle 76

9	2	8	5	7	1	6	4	3
1	7	4	3	2	6	8	9	5
5	6	3	4	8	9	1	7	2
8	9	1	6	3	5	4	2	7
7	3	6	2	1	4	5	8	9
4	5	2	8	9	7	3	6	1
6	4	9	7	5	3	2	1	8
3	8	7	1	4	2	9	5	6
2	1	5	9	6	8	7	3	4

Puzzle 77

5	2	8	4	6	1	9	7	3
1	3	9	2	5	7	6	8	4
4	7	6	3	8	9	2	1	5
6	1	5	9	4	8	3	2	7
9	4	7	1	3	2	5	6	8
3	8	2	6	7	5	4	9	1
8	5	3	7	9	6	1	4	2
2	6	4	8	1	3	7	5	9
7	9	1	5	2	4	8	3	6

Puzzle 78

3	9	4	5	1	2	6	7	8
8	5	2	7	4	6	1	9	3
1	6	7	9	8	3	4	2	5
7	3	9	1	6	4	8	5	2
4	1	8	3	2	5	9	6	7
5	2	6	8	9	7	3	4	1
2	7	1	4	3	9	5	8	6
9	8	5	6	7	1	2	3	4
6	4	3	2	5	8	7	1	9

Puzzle 79

4	7	3	9	6	2	8	1	5
1	5	6	3	4	8	7	9	2
8	2	9	7	1	5	6	4	3
7	8	5	1	9	3	2	6	4
9	3	1	6	2	4	5	7	8
6	4	2	5	8	7	1	3	9
2	9	4	8	7	6	3	5	1
5	1	7	2	3	9	4	8	6
3	6	8	4	5	1	9	2	7

Puzzle 80

3	7	8	1	5	2	6	4	9
5	6	4	9	8	7	1	3	2
9	1	2	4	3	6	5	7	8
7	9	5	3	4	8	2	1	6
4	8	6	2	1	9	7	5	3
1	2	3	7	6	5	8	9	4
2	3	1	8	7	4	9	6	5
6	4	9	5	2	1	3	8	7
8	5	7	6	9	3	4	2	1

Puzzle 81

4	7	2	1	3	6	8	5	9
6	3	9	7	8	5	4	2	1
8	5	1	9	4	2	3	6	7
7	9	4	6	2	1	5	3	8
5	6	3	4	7	8	1	9	2
1	2	8	5	9	3	6	7	4
3	1	7	2	6	4	9	8	5
9	8	5	3	1	7	2	4	6
2	4	6	8	5	9	7	1	3

Puzzle 82

9	4	1	8	2	6	3	5	7
7	3	2	9	1	5	4	6	8
6	5	8	3	7	4	1	2	9
8	6	9	1	5	7	2	4	3
1	7	3	2	4	9	5	8	6
4	2	5	6	8	3	7	9	1
5	8	7	4	6	1	9	3	2
3	1	6	5	9	2	8	7	4
2	9	4	7	3	8	6	1	5

Puzzle 83

1	3	6	4	9	8	5	7	2
4	5	2	6	7	1	8	9	3
8	9	7	3	2	5	4	1	6
2	1	9	7	3	4	6	8	5
3	7	4	8	5	6	1	2	9
5	6	8	9	1	2	3	4	7
7	4	3	5	8	9	2	6	1
9	8	1	2	6	3	7	5	4
6	2	5	1	4	7	9	3	8

Puzzle 84

6	3	2	1	8	4	7	5	9
8	1	4	5	7	9	3	6	2
9	7	5	6	3	2	1	4	8
7	6	1	3	4	8	2	9	5
2	4	8	7	9	5	6	3	1
5	9	3	2	1	6	8	7	4
4	8	6	9	2	3	5	1	7
3	2	7	4	5	1	9	8	6
1	5	9	8	6	7	4	2	3

Puzzle 85

3	1	6	2	5	4	7	9	8
4	2	8	3	9	7	6	1	5
9	7	5	6	1	8	3	2	4
5	8	4	1	6	3	2	7	9
2	9	1	4	7	5	8	6	3
6	3	7	9	8	2	4	5	1
1	4	9	8	2	6	5	3	7
8	5	2	7	3	9	1	4	6
7	6	3	5	4	1	9	8	2

Puzzle 86

4	7	3	9	2	6	8	1	5
1	6	9	4	5	8	7	2	3
2	8	5	7	1	3	4	9	6
9	5	1	8	6	4	2	3	7
8	2	7	1	3	5	9	6	4
6	3	4	2	7	9	1	5	8
5	1	8	6	9	7	3	4	2
7	9	6	3	4	2	5	8	1
3	4	2	5	8	1	6	7	9

Puzzle 87

6	9	2	3	4	8	7	5	1
5	8	4	7	6	1	2	9	3
7	3	1	5	9	2	4	6	8
4	1	5	6	8	7	9	3	2
2	6	8	1	3	9	5	4	7
3	7	9	2	5	4	8	1	6
9	4	7	8	1	6	3	2	5
8	5	6	4	2	3	1	7	9
1	2	3	9	7	5	6	8	4

Puzzle 88

9	4	6	7	5	8	2	1	3
2	5	3	1	6	9	4	8	7
7	8	1	3	4	2	5	9	6
8	1	4	9	3	6	7	5	2
5	6	9	4	2	7	8	3	1
3	2	7	8	1	5	9	6	4
4	3	2	5	9	1	6	7	8
1	7	5	6	8	4	3	2	9
6	9	8	2	7	3	1	4	5

Puzzle 89

5	9	6	7	4	2	1	8	3
8	4	1	9	5	3	7	2	6
2	3	7	1	8	6	5	4	9
3	8	4	2	7	5	9	6	1
6	1	9	8	3	4	2	7	5
7	5	2	6	9	1	4	3	8
1	6	5	4	2	8	3	9	7
4	7	3	5	6	9	8	1	2
9	2	8	3	1	7	6	5	4

Puzzle 90

8	2	6	9	3	7	5	4	1
3	9	1	8	5	4	6	2	7
5	7	4	1	6	2	8	3	9
2	4	3	5	7	6	1	9	8
1	5	7	3	8	9	2	6	4
6	8	9	4	2	1	7	5	3
9	3	8	2	1	5	4	7	6
4	6	2	7	9	8	3	1	5
7	1	5	6	4	3	9	8	2

Puzzle 91

9	2	8	3	6	4	7	5	1
1	6	5	2	8	7	4	9	3
7	3	4	1	9	5	2	8	6
6	5	7	8	2	9	3	1	4
3	9	1	7	4	6	8	2	5
8	4	2	5	3	1	9	6	7
4	7	9	6	1	2	5	3	8
5	1	3	9	7	8	6	4	2
2	8	6	4	5	3	1	7	9

Puzzle 92

4	1	3	9	8	5	2	7	6
2	7	8	4	3	6	1	5	9
9	6	5	1	7	2	4	3	8
7	4	1	3	5	8	9	6	2
3	9	6	2	4	7	5	8	1
8	5	2	6	1	9	3	4	7
6	8	9	5	2	3	7	1	4
1	3	7	8	9	4	6	2	5
5	2	4	7	6	1	8	9	3

Puzzle 93

8	2	5	3	1	7	9	4	6
9	3	4	6	8	5	1	7	2
1	7	6	9	2	4	5	3	8
2	4	8	1	5	3	6	9	7
5	6	9	7	4	2	8	1	3
3	1	7	8	6	9	4	2	5
7	8	2	5	9	1	3	6	4
6	9	3	4	7	8	2	5	1
4	5	1	2	3	6	7	8	9

Puzzle 94

8	3	6	1	9	4	5	2	7
2	5	4	3	6	7	9	1	8
1	7	9	8	5	2	4	3	6
7	2	8	4	3	6	1	5	9
4	1	5	2	8	9	6	7	3
6	9	3	7	1	5	2	8	4
5	6	2	9	7	8	3	4	1
9	8	1	5	4	3	7	6	2
3	4	7	6	2	1	8	9	5

Puzzle 95

1	4	2	9	3	8	5	7	6
3	5	7	6	2	1	4	9	8
6	8	9	5	4	7	1	2	3
8	2	4	1	7	9	3	6	5
5	7	1	8	6	3	2	4	9
9	3	6	4	5	2	8	1	7
4	1	8	7	9	5	6	3	2
2	9	5	3	1	6	7	8	4
7	6	3	2	8	4	9	5	1

Puzzle 96

2	1	8	6	3	7	4	9	5
7	5	9	2	4	1	6	3	8
4	3	6	9	8	5	1	2	7
9	8	4	7	6	2	3	5	1
1	6	3	8	5	4	2	7	9
5	7	2	3	1	9	8	4	6
3	9	7	1	2	8	5	6	4
8	2	5	4	9	6	7	1	3
6	4	1	5	7	3	9	8	2

Puzzle 97

6	9	1	2	5	3	7	8	4
2	4	5	8	9	7	1	6	3
7	8	3	1	4	6	9	2	5
5	3	8	4	2	1	6	9	7
4	2	7	6	8	9	3	5	1
1	6	9	3	7	5	2	4	8
9	1	4	7	6	8	5	3	2
8	7	6	5	3	2	4	1	9
3	5	2	9	1	4	8	7	6

Puzzle 98

4	6	7	3	2	9	1	5	8
8	9	2	5	4	1	3	6	7
1	5	3	8	6	7	2	4	9
7	2	6	1	5	3	8	9	4
5	4	1	6	9	8	7	2	3
9	3	8	4	7	2	5	1	6
2	7	4	9	3	5	6	8	1
3	1	9	2	8	6	4	7	5
6	8	5	7	1	4	9	3	2

Puzzle 99

6	1	8	2	7	4	3	5	9
9	2	5	3	6	1	7	4	8
4	7	3	9	8	5	2	6	1
5	4	1	8	9	3	6	2	7
8	6	9	4	2	7	1	3	5
2	3	7	1	5	6	9	8	4
1	5	4	6	3	9	8	7	2
7	8	6	5	1	2	4	9	3
3	9	2	7	4	8	5	1	6

Puzzle 100

8	7	3	9	2	1	5	6	4
4	2	5	7	6	3	1	8	9
1	6	9	5	4	8	7	2	3
5	8	7	4	9	2	6	3	1
2	3	1	8	7	6	9	4	5
9	4	6	1	3	5	8	7	2
6	9	8	3	1	4	2	5	7
3	1	2	6	5	7	4	9	8
7	5	4	2	8	9	3	1	6

Puzzle 101

8	5	6	2	1	3	7	4	9
9	7	4	6	5	8	2	1	3
2	3	1	4	7	9	5	8	6
7	4	9	8	3	5	1	6	2
6	1	2	9	4	7	3	5	8
5	8	3	1	6	2	9	7	4
4	9	7	3	8	1	6	2	5
3	6	5	7	2	4	8	9	1
1	2	8	5	9	6	4	3	7

Puzzle 102

2	7	9	4	6	3	5	8	1
1	6	5	2	7	8	4	3	9
3	8	4	1	5	9	6	2	7
9	5	1	6	8	7	3	4	2
6	4	7	3	9	2	1	5	8
8	3	2	5	1	4	9	7	6
4	1	6	8	2	5	7	9	3
5	9	8	7	3	6	2	1	4
7	2	3	9	4	1	8	6	5

Puzzle 103

6	9	4	1	8	7	5	3	2
3	7	8	6	5	2	1	4	9
5	1	2	3	4	9	8	7	6
7	2	6	4	1	3	9	8	5
8	3	5	9	7	6	2	1	4
9	4	1	8	2	5	3	6	7
1	6	9	5	3	4	7	2	8
4	8	7	2	9	1	6	5	3
2	5	3	7	6	8	4	9	1

Puzzle 104

1	2	8	4	5	7	6	3	9
3	5	7	8	6	9	2	1	4
6	4	9	1	2	3	5	8	7
5	1	2	3	7	8	9	4	6
8	9	4	2	1	6	3	7	5
7	3	6	9	4	5	1	2	8
2	7	3	6	9	4	8	5	1
9	8	5	7	3	1	4	6	2
4	6	1	5	8	2	7	9	3

Puzzle 105

9	4	6	5	2	1	3	8	7
8	1	5	3	4	7	9	6	2
7	3	2	8	9	6	4	5	1
1	7	8	6	3	4	2	9	5
5	2	9	7	1	8	6	3	4
3	6	4	2	5	9	7	1	8
6	5	1	4	7	3	8	2	9
4	9	3	1	8	2	5	7	6
2	8	7	9	6	5	1	4	3

Puzzle 106

7	9	4	5	2	8	3	1	6
2	3	1	4	6	9	7	5	8
8	5	6	7	3	1	2	4	9
6	7	8	9	1	5	4	3	2
9	2	3	6	7	4	1	8	5
4	1	5	3	8	2	9	6	7
1	6	9	8	4	7	5	2	3
3	4	7	2	5	6	8	9	1
5	8	2	1	9	3	6	7	4

Puzzle 107

6	4	3	8	7	9	5	1	2
7	2	8	5	1	3	6	4	9
1	9	5	6	4	2	3	7	8
8	6	4	7	2	5	9	3	1
3	1	9	4	8	6	7	2	5
2	5	7	9	3	1	8	6	4
5	3	6	2	9	4	1	8	7
9	7	2	1	6	8	4	5	3
4	8	1	3	5	7	2	9	6

Puzzle 108

4	9	7	1	8	5	3	6	2
3	2	1	9	6	7	8	5	4
6	8	5	2	3	4	1	9	7
5	3	6	4	7	9	2	8	1
2	4	8	3	1	6	5	7	9
1	7	9	5	2	8	4	3	6
9	5	3	6	4	1	7	2	8
7	6	4	8	5	2	9	1	3
8	1	2	7	9	3	6	4	5

Puzzle 109

6	7	5	1	4	8	9	2	3
9	1	4	2	5	3	6	7	8
2	3	8	7	9	6	1	4	5
3	6	2	5	1	4	7	8	9
8	4	9	6	2	7	5	3	1
7	5	1	3	8	9	4	6	2
5	9	6	4	3	2	8	1	7
4	8	3	9	7	1	2	5	6
1	2	7	8	6	5	3	9	4

Puzzle 110

6	8	5	1	9	2	4	7	3
4	3	2	8	6	7	9	1	5
1	7	9	4	3	5	8	2	6
2	4	3	6	8	9	7	5	1
5	6	8	7	2	1	3	4	9
7	9	1	5	4	3	2	6	8
8	1	4	9	7	6	5	3	2
3	5	7	2	1	8	6	9	4
9	2	6	3	5	4	1	8	7

Puzzle 111

7	9	2	5	4	1	3	6	8
5	4	6	2	8	3	1	9	7
1	8	3	6	7	9	5	4	2
4	3	1	9	5	7	8	2	6
2	5	9	1	6	8	4	7	3
6	7	8	4	3	2	9	1	5
9	2	7	3	1	5	6	8	4
3	1	4	8	2	6	7	5	9
8	6	5	7	9	4	2	3	1

Puzzle 112

6	2	8	3	9	4	7	1	5
1	7	5	8	2	6	3	4	9
3	9	4	1	7	5	6	8	2
9	5	3	7	1	2	8	6	4
8	6	7	5	4	3	9	2	1
4	1	2	6	8	9	5	3	7
7	8	6	2	5	1	4	9	3
2	3	9	4	6	7	1	5	8
5	4	1	9	3	8	2	7	6

Puzzle 113

9	4	6	1	5	3	2	8	7
8	1	5	9	7	2	4	3	6
3	2	7	6	8	4	1	9	5
1	6	8	4	9	5	7	2	3
5	9	2	3	6	7	8	4	1
4	7	3	8	2	1	6	5	9
2	5	1	7	3	8	9	6	4
6	3	4	2	1	9	5	7	8
7	8	9	5	4	6	3	1	2

Puzzle 114

5	1	9	2	3	4	6	7	8
3	8	6	5	7	9	2	1	4
7	4	2	8	1	6	5	9	3
1	6	8	7	2	3	4	5	9
9	5	3	6	4	1	8	2	7
4	2	7	9	5	8	3	6	1
6	3	1	4	9	5	7	8	2
2	9	5	3	8	7	1	4	6
8	7	4	1	6	2	9	3	5

Puzzle 115

9	4	5	7	8	2	1	3	6
3	8	1	5	6	9	7	4	2
6	7	2	1	4	3	9	8	5
8	1	3	4	7	6	5	2	9
2	5	4	3	9	1	6	7	8
7	9	6	2	5	8	3	1	4
1	6	8	9	3	4	2	5	7
5	2	9	8	1	7	4	6	3
4	3	7	6	2	5	8	9	1

Puzzle 116

5	2	9	7	1	6	8	3	4
6	3	8	2	9	4	1	7	5
1	4	7	3	5	8	2	9	6
2	8	4	1	7	3	6	5	9
3	7	5	8	6	9	4	2	1
9	6	1	5	4	2	3	8	7
8	9	6	4	2	5	7	1	3
7	5	2	6	3	1	9	4	8
4	1	3	9	8	7	5	6	2

Puzzle 117

9	2	3	4	6	8	1	5	7
5	8	1	3	2	7	4	9	6
4	6	7	1	5	9	3	8	2
7	4	8	5	1	2	9	6	3
3	5	6	9	7	4	8	2	1
1	9	2	6	8	3	5	7	4
2	3	4	7	9	5	6	1	8
8	1	9	2	3	6	7	4	5
6	7	5	8	4	1	2	3	9

Puzzle 118

1	3	6	2	4	7	8	5	9
9	5	4	8	6	1	3	7	2
8	7	2	3	9	5	1	4	6
3	2	1	7	5	8	9	6	4
6	9	5	1	3	4	2	8	7
7	4	8	9	2	6	5	1	3
2	1	7	4	8	9	6	3	5
5	8	9	6	7	3	4	2	1
4	6	3	5	1	2	7	9	8

Puzzle 119

9	3	2	4	1	8	7	5	6
8	4	1	7	6	5	3	9	2
5	6	7	3	9	2	4	1	8
4	7	6	9	3	1	8	2	5
1	9	5	8	2	7	6	4	3
2	8	3	5	4	6	1	7	9
6	2	4	1	5	3	9	8	7
3	1	8	2	7	9	5	6	4
7	5	9	6	8	4	2	3	1

Puzzle 120

5	9	7	8	6	3	1	2	4
4	3	8	5	2	1	7	9	6
2	1	6	7	4	9	5	8	3
3	8	1	6	7	5	9	4	2
9	2	4	3	1	8	6	5	7
7	6	5	4	9	2	8	3	1
1	4	2	9	5	7	3	6	8
8	7	9	2	3	6	4	1	5
6	5	3	1	8	4	2	7	9

Puzzle 121

7	8	6	4	3	9	1	2	5
2	3	5	1	6	7	8	4	9
1	9	4	8	2	5	6	7	3
4	5	8	7	1	2	9	3	6
6	2	7	5	9	3	4	1	8
9	1	3	6	4	8	7	5	2
3	6	1	2	8	4	5	9	7
5	4	9	3	7	6	2	8	1
8	7	2	9	5	1	3	6	4

Puzzle 122

6	3	2	5	9	4	8	1	7
1	4	5	3	7	8	6	2	9
9	7	8	2	1	6	4	5	3
4	1	6	8	2	7	3	9	5
2	9	3	1	6	5	7	4	8
5	8	7	9	4	3	2	6	1
8	5	4	6	3	9	1	7	2
3	6	1	7	5	2	9	8	4
7	2	9	4	8	1	5	3	6

Puzzle 123

4	3	7	2	1	6	8	9	5
9	8	2	7	5	3	1	4	6
1	5	6	9	8	4	7	2	3
7	1	9	3	6	5	2	8	4
5	4	8	1	9	2	3	6	7
2	6	3	8	4	7	9	5	1
6	2	1	5	3	9	4	7	8
8	7	4	6	2	1	5	3	9
3	9	5	4	7	8	6	1	2

Puzzle 124

2	4	5	8	9	3	6	7	1
9	6	1	5	4	7	2	8	3
7	3	8	1	6	2	9	5	4
4	5	9	7	3	8	1	6	2
1	8	6	4	2	9	7	3	5
3	2	7	6	5	1	4	9	8
5	7	2	9	8	4	3	1	6
6	9	3	2	1	5	8	4	7
8	1	4	3	7	6	5	2	9

Puzzle 125

5	6	4	8	3	7	2	9	1
7	8	1	6	2	9	5	4	3
3	2	9	5	1	4	6	8	7
2	9	3	7	5	6	4	1	8
8	7	6	4	9	1	3	5	2
4	1	5	2	8	3	9	7	6
9	4	8	3	7	2	1	6	5
1	5	2	9	6	8	7	3	4
6	3	7	1	4	5	8	2	9

Puzzle 126

2	6	4	9	3	1	8	5	7
9	8	3	7	2	5	6	1	4
5	1	7	8	6	4	3	2	9
8	4	1	5	9	7	2	3	6
6	2	9	1	8	3	7	4	5
7	3	5	2	4	6	9	8	1
1	9	6	3	5	8	4	7	2
4	5	8	6	7	2	1	9	3
3	7	2	4	1	9	5	6	8

Puzzle 127

2	6	7	4	3	1	5	9	8
5	8	1	7	9	6	4	2	3
3	9	4	8	5	2	1	6	7
1	3	9	5	4	8	6	7	2
7	5	6	1	2	9	3	8	4
8	4	2	6	7	3	9	5	1
9	7	5	2	1	4	8	3	6
6	1	3	9	8	7	2	4	5
4	2	8	3	6	5	7	1	9

Puzzle 128

4	9	2	5	1	7	8	3	6
3	6	1	4	8	9	2	5	7
8	5	7	2	3	6	9	4	1
1	4	5	3	2	8	7	6	9
6	2	8	7	9	4	3	1	5
9	7	3	6	5	1	4	8	2
7	3	6	9	4	5	1	2	8
5	1	4	8	7	2	6	9	3
2	8	9	1	6	3	5	7	4

Puzzle 129

8	9	1	4	3	2	5	6	7
4	3	7	9	6	5	1	8	2
6	5	2	1	7	8	3	9	4
3	6	9	5	8	4	7	2	1
5	7	8	6	2	1	4	3	9
1	2	4	3	9	7	8	5	6
7	1	3	2	5	6	9	4	8
9	8	6	7	4	3	2	1	5
2	4	5	8	1	9	6	7	3

Puzzle 130

8	2	4	1	5	6	7	3	9
6	7	3	8	4	9	2	5	1
5	1	9	2	3	7	6	4	8
1	9	5	6	2	8	4	7	3
7	6	8	4	9	3	1	2	5
4	3	2	7	1	5	8	9	6
3	8	1	5	7	4	9	6	2
9	4	6	3	8	2	5	1	7
2	5	7	9	6	1	3	8	4

Puzzle 131

3	1	9	6	4	5	8	2	7
2	7	6	9	8	3	5	4	1
8	4	5	2	1	7	6	3	9
5	3	4	1	6	2	7	9	8
9	6	8	5	7	4	3	1	2
1	2	7	8	3	9	4	6	5
4	9	3	7	5	1	2	8	6
6	5	2	4	9	8	1	7	3
7	8	1	3	2	6	9	5	4

Puzzle 132

9	6	2	1	3	8	4	7	5
5	7	1	4	2	6	9	8	3
3	8	4	9	7	5	1	2	6
6	5	7	3	8	4	2	1	9
4	9	8	2	6	1	5	3	7
2	1	3	5	9	7	8	6	4
8	2	6	7	5	9	3	4	1
7	4	5	8	1	3	6	9	2
1	3	9	6	4	2	7	5	8

Puzzle 133

6	2	3	4	7	1	8	9	5
7	9	5	3	2	8	6	4	1
1	8	4	9	6	5	7	2	3
3	5	8	2	1	7	4	6	9
9	4	7	8	3	6	5	1	2
2	1	6	5	9	4	3	8	7
8	6	2	7	5	9	1	3	4
4	7	9	1	8	3	2	5	6
5	3	1	6	4	2	9	7	8

Puzzle 134

5	8	3	4	1	6	7	2	9
4	9	7	5	8	2	1	6	3
1	2	6	3	7	9	5	8	4
9	3	5	7	2	1	8	4	6
8	6	2	9	5	4	3	1	7
7	4	1	8	6	3	9	5	2
3	5	4	2	9	8	6	7	1
6	7	9	1	4	5	2	3	8
2	1	8	6	3	7	4	9	5

Puzzle 135

4	3	2	7	5	9	8	6	1
9	1	6	4	3	8	7	5	2
8	5	7	6	2	1	3	9	4
5	9	1	3	8	2	6	4	7
3	6	4	1	7	5	9	2	8
2	7	8	9	6	4	5	1	3
6	2	5	8	1	7	4	3	9
1	8	9	5	4	3	2	7	6
7	4	3	2	9	6	1	8	5

Puzzle 136

2	7	5	4	1	3	8	6	9
8	6	1	7	9	5	2	4	3
3	4	9	6	8	2	1	5	7
6	1	7	5	4	8	9	3	2
4	5	3	1	2	9	6	7	8
9	2	8	3	7	6	5	1	4
1	3	2	8	5	4	7	9	6
5	8	4	9	6	7	3	2	1
7	9	6	2	3	1	4	8	5

Puzzle 137

1	5	3	8	2	7	4	9	6
2	9	4	5	6	1	3	7	8
8	7	6	4	3	9	1	5	2
5	2	8	6	9	4	7	1	3
6	3	7	2	1	5	9	8	4
9	4	1	3	7	8	6	2	5
7	6	5	1	8	3	2	4	9
4	1	2	9	5	6	8	3	7
3	8	9	7	4	2	5	6	1

Puzzle 138

4	5	6	1	2	7	8	3	9
3	1	9	5	8	6	7	2	4
8	2	7	4	3	9	6	5	1
1	8	5	2	9	3	4	6	7
7	4	3	8	6	1	5	9	2
9	6	2	7	5	4	3	1	8
2	9	8	3	7	5	1	4	6
6	3	4	9	1	8	2	7	5
5	7	1	6	4	2	9	8	3

Puzzle 139

3	5	9	2	7	8	6	4	1
2	7	8	4	1	6	5	3	9
1	6	4	5	9	3	8	2	7
7	9	3	6	8	4	1	5	2
5	2	1	9	3	7	4	6	8
8	4	6	1	5	2	9	7	3
6	3	7	8	4	9	2	1	5
4	8	5	3	2	1	7	9	6
9	1	2	7	6	5	3	8	4

Puzzle 140

8	5	6	7	3	1	4	2	9
4	2	1	6	8	9	7	3	5
9	3	7	5	2	4	8	6	1
6	7	8	9	5	3	1	4	2
3	9	4	2	1	6	5	8	7
5	1	2	8	4	7	3	9	6
2	4	5	1	6	8	9	7	3
1	8	9	3	7	2	6	5	4
7	6	3	4	9	5	2	1	8

Puzzle 141

8	2	4	7	3	9	1	6	5
7	1	9	2	5	6	3	8	4
3	5	6	1	4	8	9	2	7
6	8	2	4	7	1	5	3	9
9	3	7	6	2	5	4	1	8
1	4	5	8	9	3	2	7	6
2	9	1	5	6	7	8	4	3
5	7	8	3	1	4	6	9	2
4	6	3	9	8	2	7	5	1

Puzzle 142

1	3	9	6	2	8	5	7	4
6	4	8	9	5	7	3	1	2
5	2	7	3	1	4	6	9	8
7	9	4	2	8	5	1	6	3
2	6	1	4	9	3	7	8	5
8	5	3	7	6	1	4	2	9
4	7	2	8	3	6	9	5	1
3	8	5	1	7	9	2	4	6
9	1	6	5	4	2	8	3	7

Puzzle 143

3	1	9	4	6	5	2	7	8
8	5	2	3	7	9	6	1	4
7	6	4	2	8	1	3	5	9
9	3	6	1	2	8	7	4	5
4	8	7	9	5	6	1	2	3
1	2	5	7	4	3	9	8	6
5	9	8	6	1	7	4	3	2
2	7	3	5	9	4	8	6	1
6	4	1	8	3	2	5	9	7

Puzzle 144

1	8	5	7	9	3	2	4	6
7	3	9	4	6	2	5	8	1
4	2	6	8	5	1	9	3	7
8	9	1	5	2	7	4	6	3
3	6	4	9	1	8	7	2	5
2	5	7	3	4	6	1	9	8
9	1	8	6	7	4	3	5	2
6	4	2	1	3	5	8	7	9
5	7	3	2	8	9	6	1	4

Puzzle 145

6	3	8	1	5	7	9	4	2
7	1	4	6	9	2	5	3	8
2	5	9	8	3	4	6	1	7
8	4	1	3	2	9	7	6	5
9	2	6	7	1	5	3	8	4
3	7	5	4	6	8	1	2	9
5	6	7	2	8	3	4	9	1
4	8	3	9	7	1	2	5	6
1	9	2	5	4	6	8	7	3

Puzzle 146

3	7	9	6	5	1	4	8	2
2	1	6	3	8	4	5	7	9
4	5	8	7	2	9	3	6	1
5	9	3	1	7	6	2	4	8
7	8	4	2	9	3	1	5	6
1	6	2	8	4	5	9	3	7
8	3	1	4	6	2	7	9	5
6	4	5	9	1	7	8	2	3
9	2	7	5	3	8	6	1	4

Puzzle 147

8	2	5	3	9	1	6	7	4
9	3	1	7	4	6	5	2	8
7	4	6	2	5	8	1	3	9
6	5	7	9	1	4	2	8	3
3	9	2	8	7	5	4	6	1
4	1	8	6	2	3	7	9	5
5	7	3	4	6	9	8	1	2
1	6	9	5	8	2	3	4	7
2	8	4	1	3	7	9	5	6

Puzzle 148

7	8	3	9	5	4	2	6	1
1	9	5	3	6	2	4	7	8
2	4	6	8	7	1	9	5	3
5	7	4	2	3	9	8	1	6
9	6	1	4	8	5	7	3	2
3	2	8	6	1	7	5	9	4
8	1	9	5	4	6	3	2	7
4	5	7	1	2	3	6	8	9
6	3	2	7	9	8	1	4	5

Puzzle 149

5	8	3	1	7	9	2	4	6
1	2	9	6	3	4	5	8	7
6	7	4	8	2	5	1	9	3
7	5	8	2	1	6	4	3	9
2	4	1	3	9	7	8	6	5
3	9	6	4	5	8	7	1	2
4	3	5	7	6	1	9	2	8
8	6	7	9	4	2	3	5	1
9	1	2	5	8	3	6	7	4

Puzzle 150

1	7	4	3	8	9	2	5	6
2	5	6	4	7	1	9	3	8
9	3	8	2	5	6	1	4	7
3	4	9	6	1	5	8	7	2
8	1	2	7	9	4	5	6	3
5	6	7	8	2	3	4	1	9
6	8	3	5	4	2	7	9	1
7	9	5	1	3	8	6	2	4
4	2	1	9	6	7	3	8	5

Puzzle 151

2	5	3	9	8	6	1	4	7
9	4	6	3	7	1	5	8	2
1	7	8	2	4	5	3	6	9
5	3	7	4	6	9	2	1	8
6	9	2	8	1	7	4	3	5
8	1	4	5	2	3	9	7	6
7	8	9	1	3	2	6	5	4
4	2	1	6	5	8	7	9	3
3	6	5	7	9	4	8	2	1

Puzzle 152

2	1	8	3	9	6	7	4	5
3	7	6	4	5	2	9	1	8
9	5	4	1	7	8	6	2	3
8	9	2	7	1	5	4	3	6
6	4	1	9	2	3	8	5	7
7	3	5	6	8	4	2	9	1
1	6	9	5	4	7	3	8	2
4	8	3	2	6	1	5	7	9
5	2	7	8	3	9	1	6	4

Puzzle 153

6	9	7	3	2	8	1	5	4
8	3	4	5	9	1	7	2	6
5	1	2	7	4	6	9	8	3
7	8	6	9	5	4	3	1	2
4	5	1	6	3	2	8	9	7
3	2	9	1	8	7	6	4	5
9	6	8	2	7	5	4	3	1
2	7	3	4	1	9	5	6	8
1	4	5	8	6	3	2	7	9

Puzzle 154

8	7	9	4	3	5	1	6	2
5	4	2	1	6	9	8	3	7
6	3	1	7	8	2	9	5	4
9	8	6	2	1	7	3	4	5
1	5	3	9	4	6	7	2	8
4	2	7	8	5	3	6	1	9
7	1	8	3	2	4	5	9	6
3	6	4	5	9	8	2	7	1
2	9	5	6	7	1	4	8	3

Puzzle 155

2	9	5	6	8	4	7	3	1
4	8	3	9	7	1	5	6	2
1	7	6	2	5	3	4	8	9
8	5	9	7	1	2	3	4	6
3	1	4	8	9	6	2	5	7
7	6	2	3	4	5	9	1	8
6	3	8	5	2	7	1	9	4
5	2	1	4	6	9	8	7	3
9	4	7	1	3	8	6	2	5

Puzzle 156

3	7	9	5	8	1	4	6	2
5	2	4	9	7	6	1	3	8
8	1	6	3	2	4	9	5	7
2	6	5	4	3	8	7	9	1
4	8	7	1	9	5	6	2	3
9	3	1	2	6	7	8	4	5
6	5	2	7	1	9	3	8	4
7	9	3	8	4	2	5	1	6
1	4	8	6	5	3	2	7	9

Puzzle 157

7	2	3	5	6	8	4	9	1
8	1	9	7	4	2	3	6	5
5	4	6	9	1	3	7	2	8
2	8	7	6	9	5	1	4	3
6	5	4	1	3	7	2	8	9
3	9	1	2	8	4	6	5	7
4	7	2	8	5	1	9	3	6
9	3	5	4	7	6	8	1	2
1	6	8	3	2	9	5	7	4

Puzzle 158

7	2	5	4	6	9	3	1	8
8	4	6	1	2	3	5	7	9
1	9	3	7	8	5	6	4	2
5	6	7	3	1	2	9	8	4
3	8	9	6	4	7	2	5	1
4	1	2	5	9	8	7	6	3
2	3	4	8	7	6	1	9	5
9	7	1	2	5	4	8	3	6
6	5	8	9	3	1	4	2	7

Puzzle 159

3	5	9	7	2	6	8	1	4
8	7	6	1	4	5	3	9	2
1	2	4	9	3	8	7	5	6
4	1	7	2	9	3	5	6	8
2	3	8	5	6	1	9	4	7
9	6	5	4	8	7	2	3	1
7	8	1	6	5	9	4	2	3
6	9	2	3	7	4	1	8	5
5	4	3	8	1	2	6	7	9

Puzzle 160

1	8	3	2	5	6	4	9	7
7	6	9	8	4	1	3	2	5
2	4	5	3	9	7	8	6	1
6	3	2	9	7	8	1	5	4
5	7	8	4	1	2	6	3	9
9	1	4	6	3	5	7	8	2
3	2	1	5	6	4	9	7	8
8	9	7	1	2	3	5	4	6
4	5	6	7	8	9	2	1	3

Puzzle 161

7	3	1	4	2	8	9	5	6
8	4	9	6	5	3	7	1	2
6	5	2	7	9	1	4	3	8
1	9	5	3	8	6	2	7	4
3	8	6	2	4	7	1	9	5
2	7	4	5	1	9	8	6	3
9	1	3	8	6	2	5	4	7
4	2	7	9	3	5	6	8	1
5	6	8	1	7	4	3	2	9

Puzzle 162

2	7	5	1	9	3	6	4	8
4	3	9	7	8	6	2	1	5
6	1	8	2	5	4	9	3	7
7	6	3	8	4	5	1	2	9
9	5	4	6	2	1	8	7	3
1	8	2	9	3	7	4	5	6
8	2	1	5	7	9	3	6	4
3	9	7	4	6	2	5	8	1
5	4	6	3	1	8	7	9	2

Puzzle 163

3	4	1	7	8	5	6	2	9
6	2	7	1	3	9	5	8	4
5	9	8	6	2	4	3	7	1
9	3	6	5	1	7	2	4	8
1	7	5	8	4	2	9	6	3
4	8	2	9	6	3	1	5	7
2	1	4	3	5	8	7	9	6
8	6	9	2	7	1	4	3	5
7	5	3	4	9	6	8	1	2

Puzzle 164

2	9	1	5	6	7	8	3	4
7	3	4	8	1	2	6	9	5
6	8	5	3	4	9	7	2	1
3	7	2	6	5	1	9	4	8
9	5	6	7	8	4	3	1	2
1	4	8	9	2	3	5	7	6
4	6	9	1	7	8	2	5	3
8	1	7	2	3	5	4	6	9
5	2	3	4	9	6	1	8	7

Puzzle 165

8	5	6	4	2	1	9	3	7
3	2	7	6	9	8	5	4	1
4	1	9	5	3	7	6	2	8
1	4	5	9	8	3	2	7	6
6	7	3	1	4	2	8	9	5
2	9	8	7	5	6	4	1	3
7	8	1	2	6	4	3	5	9
9	6	2	3	7	5	1	8	4
5	3	4	8	1	9	7	6	2

Puzzle 166

1	5	4	6	3	7	8	2	9
2	7	6	5	8	9	3	1	4
9	8	3	4	2	1	5	6	7
8	4	5	7	1	2	6	9	3
3	2	1	8	9	6	4	7	5
6	9	7	3	4	5	2	8	1
5	6	2	9	7	3	1	4	8
4	3	9	1	6	8	7	5	2
7	1	8	2	5	4	9	3	6

Puzzle 167

4	6	2	1	8	7	9	5	3
5	9	7	6	2	3	1	8	4
8	1	3	4	5	9	6	7	2
1	8	4	7	6	2	5	3	9
9	7	6	8	3	5	4	2	1
2	3	5	9	4	1	8	6	7
3	2	8	5	9	4	7	1	6
6	4	1	3	7	8	2	9	5
7	5	9	2	1	6	3	4	8

Puzzle 168

4	6	3	7	2	9	8	1	5
9	2	1	5	6	8	3	7	4
5	7	8	3	1	4	6	9	2
3	4	6	2	8	7	9	5	1
1	9	7	4	5	3	2	6	8
8	5	2	6	9	1	7	4	3
6	8	5	9	4	2	1	3	7
7	1	4	8	3	6	5	2	9
2	3	9	1	7	5	4	8	6

Puzzle 169

1	9	5	7	4	8	3	6	2
6	7	4	3	1	2	8	9	5
2	3	8	6	9	5	1	4	7
3	5	9	1	6	4	2	7	8
8	1	2	5	7	9	6	3	4
7	4	6	2	8	3	9	5	1
4	6	3	8	2	7	5	1	9
9	8	1	4	5	6	7	2	3
5	2	7	9	3	1	4	8	6

Puzzle 170

6	3	2	9	1	5	8	7	4
1	4	9	2	7	8	5	3	6
7	8	5	6	3	4	2	9	1
8	2	6	7	4	1	9	5	3
9	5	1	3	6	2	4	8	7
4	7	3	8	5	9	6	1	2
3	9	8	4	2	7	1	6	5
5	6	4	1	9	3	7	2	8
2	1	7	5	8	6	3	4	9

Puzzle 171

4	2	7	6	9	8	1	5	3
8	1	3	7	2	5	9	4	6
5	6	9	3	4	1	7	8	2
9	4	5	1	8	6	3	2	7
6	3	1	4	7	2	8	9	5
2	7	8	5	3	9	6	1	4
7	5	6	8	1	4	2	3	9
3	8	2	9	5	7	4	6	1
1	9	4	2	6	3	5	7	8

Puzzle 172

8	4	7	9	2	1	5	3	6
9	2	3	4	6	5	1	7	8
6	1	5	3	8	7	2	4	9
1	8	4	6	7	2	9	5	3
2	3	6	8	5	9	7	1	4
7	5	9	1	4	3	6	8	2
4	7	1	2	9	8	3	6	5
3	9	8	5	1	6	4	2	7
5	6	2	7	3	4	8	9	1

Puzzle 173

9	7	8	3	6	4	2	1	5
6	4	3	2	1	5	9	8	7
1	2	5	7	9	8	3	6	4
4	8	7	1	3	2	6	5	9
3	5	6	8	7	9	4	2	1
2	9	1	4	5	6	8	7	3
5	6	2	9	4	1	7	3	8
8	3	4	5	2	7	1	9	6
7	1	9	6	8	3	5	4	2

Puzzle 174

9	2	4	5	1	6	8	7	3
5	7	8	3	2	9	4	1	6
3	6	1	8	4	7	9	2	5
7	1	6	9	5	4	2	3	8
2	3	5	6	8	1	7	4	9
8	4	9	2	7	3	6	5	1
1	5	7	4	9	8	3	6	2
6	8	2	7	3	5	1	9	4
4	9	3	1	6	2	5	8	7

Puzzle 175

6	8	1	5	4	7	3	9	2
3	2	9	1	6	8	5	7	4
7	4	5	2	3	9	6	8	1
2	5	3	8	1	4	7	6	9
9	6	4	3	7	5	2	1	8
8	1	7	6	9	2	4	5	3
4	7	2	9	5	1	8	3	6
5	9	6	4	8	3	1	2	7
1	3	8	7	2	6	9	4	5

Puzzle 176

7	6	5	2	3	4	8	1	9
4	2	9	7	1	8	6	5	3
1	3	8	5	6	9	2	7	4
8	4	6	9	2	1	5	3	7
5	9	3	8	4	7	1	2	6
2	7	1	6	5	3	4	9	8
3	5	2	4	7	6	9	8	1
6	8	7	1	9	2	3	4	5
9	1	4	3	8	5	7	6	2

Puzzle 177

4	5	2	7	1	9	6	3	8
6	8	9	4	3	2	5	7	1
3	1	7	6	5	8	2	4	9
7	4	8	1	2	5	9	6	3
1	9	6	8	4	3	7	2	5
2	3	5	9	6	7	1	8	4
5	6	4	2	8	1	3	9	7
8	7	3	5	9	6	4	1	2
9	2	1	3	7	4	8	5	6

Puzzle 178

2	6	9	1	8	3	7	5	4
3	8	5	9	4	7	2	6	1
1	4	7	5	2	6	9	3	8
7	5	4	6	3	8	1	2	9
6	3	1	7	9	2	8	4	5
8	9	2	4	5	1	6	7	3
9	2	8	3	6	4	5	1	7
4	1	6	8	7	5	3	9	2
5	7	3	2	1	9	4	8	6

Puzzle 179

5	2	4	7	9	1	6	8	3
7	1	6	5	8	3	9	2	4
9	3	8	6	2	4	7	5	1
1	8	5	2	6	7	3	4	9
3	4	7	8	1	9	2	6	5
2	6	9	4	3	5	8	1	7
6	7	1	9	4	8	5	3	2
8	9	3	1	5	2	4	7	6
4	5	2	3	7	6	1	9	8

Puzzle 180

1	8	6	9	2	3	5	7	4
7	4	3	8	6	5	1	2	9
2	5	9	1	7	4	3	6	8
8	1	2	4	3	7	9	5	6
6	9	5	2	1	8	4	3	7
3	7	4	5	9	6	8	1	2
9	3	1	6	4	2	7	8	5
4	6	8	7	5	1	2	9	3
5	2	7	3	8	9	6	4	1

Puzzle 181

8	5	3	1	4	9	6	2	7
9	6	2	7	3	5	1	4	8
7	1	4	8	6	2	3	9	5
1	7	9	6	2	4	8	5	3
5	3	6	9	1	8	4	7	2
2	4	8	3	5	7	9	6	1
6	2	1	4	7	3	5	8	9
4	9	7	5	8	1	2	3	6
3	8	5	2	9	6	7	1	4

Puzzle 182

5	4	9	2	7	1	6	8	3
3	1	6	5	8	4	2	7	9
2	7	8	3	6	9	4	1	5
6	3	2	4	1	8	9	5	7
9	5	4	6	3	7	8	2	1
7	8	1	9	2	5	3	4	6
4	6	7	1	9	2	5	3	8
8	9	5	7	4	3	1	6	2
1	2	3	8	5	6	7	9	4

Puzzle 183

7	1	9	3	4	8	6	2	5
8	5	3	9	2	6	7	1	4
4	6	2	1	5	7	9	3	8
3	2	4	7	6	9	8	5	1
5	9	6	2	8	1	3	4	7
1	7	8	5	3	4	2	9	6
9	4	1	6	7	3	5	8	2
2	8	7	4	9	5	1	6	3
6	3	5	8	1	2	4	7	9

Puzzle 184

4	7	8	6	2	3	5	1	9
9	3	1	4	8	5	2	6	7
6	5	2	9	1	7	8	4	3
1	4	7	8	9	2	6	3	5
2	9	3	7	5	6	4	8	1
8	6	5	1	3	4	9	7	2
5	2	6	3	7	8	1	9	4
3	1	4	2	6	9	7	5	8
7	8	9	5	4	1	3	2	6

Puzzle 185

8	4	5	2	9	7	6	3	1
6	3	1	4	5	8	9	7	2
9	7	2	6	1	3	4	8	5
2	6	3	7	4	9	5	1	8
1	8	9	5	3	2	7	6	4
7	5	4	8	6	1	3	2	9
3	1	7	9	2	4	8	5	6
4	2	6	3	8	5	1	9	7
5	9	8	1	7	6	2	4	3

Puzzle 186

3	5	9	7	8	4	6	2	1
1	4	6	3	2	5	9	7	8
7	2	8	6	9	1	4	5	3
8	6	2	5	3	9	7	1	4
4	9	3	1	6	7	2	8	5
5	1	7	2	4	8	3	6	9
2	8	5	9	7	3	1	4	6
9	7	4	8	1	6	5	3	2
6	3	1	4	5	2	8	9	7

Puzzle 187

6	3	1	7	2	5	9	4	8
2	8	5	4	1	9	6	7	3
7	4	9	6	8	3	1	2	5
9	7	3	8	5	6	2	1	4
5	2	6	9	4	1	8	3	7
4	1	8	3	7	2	5	6	9
8	5	2	1	3	7	4	9	6
3	6	4	2	9	8	7	5	1
1	9	7	5	6	4	3	8	2

Puzzle 188

1	3	2	8	4	9	5	7	6
6	7	4	5	2	3	8	9	1
5	9	8	7	1	6	3	2	4
9	4	6	2	8	7	1	3	5
7	2	1	3	6	5	9	4	8
8	5	3	1	9	4	7	6	2
2	6	7	9	5	1	4	8	3
4	1	9	6	3	8	2	5	7
3	8	5	4	7	2	6	1	9

Puzzle 189

8	5	3	1	4	7	9	2	6
2	6	9	3	8	5	4	7	1
1	4	7	6	9	2	3	5	8
9	8	5	7	3	1	6	4	2
3	7	6	2	5	4	8	1	9
4	2	1	9	6	8	5	3	7
7	9	4	5	1	6	2	8	3
6	1	8	4	2	3	7	9	5
5	3	2	8	7	9	1	6	4

Puzzle 190

1	4	8	3	6	2	7	5	9
6	5	9	8	4	7	3	2	1
7	3	2	9	1	5	6	8	4
8	2	1	5	3	4	9	7	6
4	7	3	6	2	9	8	1	5
5	9	6	1	7	8	2	4	3
9	8	7	4	5	6	1	3	2
3	6	4	2	8	1	5	9	7
2	1	5	7	9	3	4	6	8

Puzzle 191

6	4	2	9	5	7	8	3	1
8	7	5	6	3	1	4	9	2
1	9	3	2	8	4	6	7	5
9	3	4	7	6	5	1	2	8
5	2	1	8	9	3	7	4	6
7	6	8	4	1	2	3	5	9
3	5	7	1	2	6	9	8	4
4	1	9	5	7	8	2	6	3
2	8	6	3	4	9	5	1	7

Puzzle 192

8	7	3	4	9	2	1	6	5
2	5	6	1	8	3	7	9	4
9	1	4	7	5	6	2	3	8
7	6	2	5	4	9	3	8	1
1	4	9	6	3	8	5	7	2
3	8	5	2	7	1	6	4	9
5	2	8	3	6	4	9	1	7
6	9	7	8	1	5	4	2	3
4	3	1	9	2	7	8	5	6

Puzzle 193

1	5	2	7	4	6	3	8	9
7	9	8	2	1	3	4	5	6
3	4	6	8	5	9	1	7	2
4	8	3	9	7	1	6	2	5
9	7	1	5	6	2	8	4	3
2	6	5	4	3	8	7	9	1
5	1	4	3	2	7	9	6	8
8	3	7	6	9	5	2	1	4
6	2	9	1	8	4	5	3	7

Puzzle 194

4	1	3	7	5	2	6	8	9
8	2	9	4	1	6	7	3	5
7	6	5	9	3	8	2	1	4
3	4	7	8	9	5	1	2	6
6	5	8	3	2	1	9	4	7
2	9	1	6	4	7	8	5	3
5	7	4	2	8	9	3	6	1
1	8	6	5	7	3	4	9	2
9	3	2	1	6	4	5	7	8

Puzzle 195

1	7	2	3	5	8	9	6	4
9	8	5	7	6	4	1	2	3
3	6	4	2	1	9	8	7	5
4	3	7	9	2	6	5	1	8
5	9	8	1	4	7	6	3	2
6	2	1	8	3	5	7	4	9
2	4	9	6	8	1	3	5	7
8	5	6	4	7	3	2	9	1
7	1	3	5	9	2	4	8	6

Puzzle 196

9	4	3	1	2	5	7	6	8
7	6	1	3	4	8	5	9	2
8	5	2	7	6	9	3	4	1
1	3	4	2	9	6	8	7	5
2	9	5	4	8	7	6	1	3
6	7	8	5	1	3	4	2	9
5	2	7	9	3	4	1	8	6
4	1	6	8	5	2	9	3	7
3	8	9	6	7	1	2	5	4

Puzzle 197

6	4	9	1	8	3	2	5	7
5	3	7	2	6	9	8	1	4
2	8	1	5	7	4	3	6	9
7	6	8	3	5	1	9	4	2
4	5	2	8	9	7	1	3	6
1	9	3	4	2	6	5	7	8
3	7	4	9	1	8	6	2	5
9	2	6	7	3	5	4	8	1
8	1	5	6	4	2	7	9	3

Puzzle 198

8	6	2	5	3	1	4	9	7
5	9	7	8	4	2	3	6	1
4	3	1	7	9	6	5	8	2
1	4	6	2	7	8	9	5	3
2	8	9	1	5	3	6	7	4
3	7	5	4	6	9	1	2	8
7	5	8	6	1	4	2	3	9
6	1	3	9	2	7	8	4	5
9	2	4	3	8	5	7	1	6

Puzzle 199

1	3	2	4	9	5	7	8	6
8	5	6	7	2	3	1	4	9
7	4	9	1	8	6	3	2	5
3	6	5	9	1	8	2	7	4
2	9	7	5	3	4	6	1	8
4	1	8	2	6	7	5	9	3
9	8	3	6	7	2	4	5	1
5	7	1	3	4	9	8	6	2
6	2	4	8	5	1	9	3	7

Puzzle 200

6	2	9	8	3	5	4	7	1
8	7	5	1	9	4	6	2	3
3	1	4	2	6	7	9	5	8
4	8	3	9	5	2	1	6	7
1	6	2	3	7	8	5	9	4
9	5	7	4	1	6	3	8	2
2	3	8	6	4	9	7	1	5
7	4	6	5	2	1	8	3	9
5	9	1	7	8	3	2	4	6

Puzzle 201

8	4	7	2	9	5	3	1	6
9	2	5	3	1	6	4	8	7
3	1	6	8	7	4	5	2	9
4	3	2	9	8	1	6	7	5
7	9	8	5	6	3	1	4	2
5	6	1	4	2	7	8	9	3
1	5	9	6	4	2	7	3	8
2	7	3	1	5	8	9	6	4
6	8	4	7	3	9	2	5	1

Puzzle 202

7	5	2	8	4	6	3	9	1
4	1	8	3	9	5	6	7	2
9	6	3	7	2	1	5	4	8
6	3	9	4	5	8	1	2	7
5	7	1	2	3	9	8	6	4
8	2	4	6	1	7	9	5	3
3	9	5	1	7	2	4	8	6
1	8	7	5	6	4	2	3	9
2	4	6	9	8	3	7	1	5

Puzzle 203

4	6	7	8	2	9	5	1	3
5	1	2	4	6	3	8	9	7
3	9	8	7	1	5	6	2	4
8	7	6	2	5	4	9	3	1
1	2	4	9	3	8	7	5	6
9	3	5	1	7	6	4	8	2
7	4	3	5	9	2	1	6	8
6	5	1	3	8	7	2	4	9
2	8	9	6	4	1	3	7	5

Puzzle 204

1	5	2	7	4	9	6	8	3
6	7	8	3	2	1	9	4	5
4	3	9	5	6	8	1	7	2
3	1	4	2	5	6	8	9	7
7	8	5	1	9	3	2	6	4
2	9	6	4	8	7	5	3	1
9	2	3	8	1	4	7	5	6
8	4	1	6	7	5	3	2	9
5	6	7	9	3	2	4	1	8

Puzzle 205

2	9	8	7	1	5	3	4	6
5	1	6	4	3	9	7	2	8
7	3	4	8	2	6	1	5	9
4	5	7	2	6	8	9	1	3
9	8	1	3	7	4	2	6	5
3	6	2	9	5	1	4	8	7
1	7	3	5	8	2	6	9	4
6	4	5	1	9	3	8	7	2
8	2	9	6	4	7	5	3	1

Puzzle 206

1	2	6	7	3	4	8	5	9
5	7	3	9	6	8	1	2	4
4	9	8	2	1	5	3	7	6
7	5	9	6	2	3	4	1	8
8	3	2	5	4	1	9	6	7
6	1	4	8	7	9	2	3	5
9	4	7	1	5	2	6	8	3
2	8	5	3	9	6	7	4	1
3	6	1	4	8	7	5	9	2

Puzzle 207

3	5	9	4	2	7	1	8	6
7	1	2	8	5	6	9	4	3
6	8	4	3	1	9	7	5	2
8	7	1	9	6	5	2	3	4
4	9	6	2	8	3	5	1	7
5	2	3	7	4	1	6	9	8
2	3	5	1	7	4	8	6	9
9	6	7	5	3	8	4	2	1
1	4	8	6	9	2	3	7	5

Puzzle 208

4	1	6	2	5	3	8	7	9
8	3	2	4	7	9	6	5	1
7	9	5	6	1	8	4	2	3
5	6	1	3	4	2	9	8	7
3	7	8	1	9	6	2	4	5
2	4	9	7	8	5	3	1	6
9	2	7	8	6	1	5	3	4
6	8	4	5	3	7	1	9	2
1	5	3	9	2	4	7	6	8

Puzzle 209

9	5	2	6	1	4	3	7	8
3	4	1	2	7	8	6	5	9
8	7	6	5	3	9	1	2	4
4	9	3	7	8	5	2	1	6
2	8	5	9	6	1	7	4	3
6	1	7	4	2	3	9	8	5
7	3	4	8	9	2	5	6	1
1	2	8	3	5	6	4	9	7
5	6	9	1	4	7	8	3	2

Puzzle 210

1	6	9	8	4	3	5	2	7
8	2	7	1	9	5	4	6	3
4	3	5	7	6	2	9	1	8
9	4	2	6	8	1	3	7	5
3	1	8	9	5	7	6	4	2
7	5	6	3	2	4	8	9	1
6	8	3	2	1	9	7	5	4
2	9	4	5	7	8	1	3	6
5	7	1	4	3	6	2	8	9

Puzzle 211

6	4	7	3	2	1	8	5	9
5	9	3	8	7	4	6	1	2
2	1	8	6	5	9	4	3	7
3	6	4	2	1	5	7	9	8
7	2	5	4	9	8	1	6	3
1	8	9	7	3	6	5	2	4
4	3	6	5	8	2	9	7	1
8	7	1	9	6	3	2	4	5
9	5	2	1	4	7	3	8	6

Puzzle 212

2	5	4	1	3	7	8	6	9
7	6	8	5	9	2	4	1	3
1	3	9	4	8	6	2	5	7
3	1	6	2	7	5	9	8	4
8	4	7	9	6	1	5	3	2
9	2	5	8	4	3	1	7	6
4	9	3	7	5	8	6	2	1
5	7	2	6	1	9	3	4	8
6	8	1	3	2	4	7	9	5

Puzzle 213

5	3	7	4	1	8	2	9	6
2	1	9	3	6	5	7	8	4
4	8	6	9	2	7	5	3	1
9	6	5	1	7	2	8	4	3
7	4	1	6	8	3	9	5	2
8	2	3	5	4	9	1	6	7
6	5	8	7	3	1	4	2	9
3	7	2	8	9	4	6	1	5
1	9	4	2	5	6	3	7	8

Puzzle 214

1	6	4	5	7	8	2	9	3
7	5	9	1	3	2	8	6	4
2	8	3	6	9	4	5	7	1
5	7	1	9	2	6	3	4	8
9	2	8	7	4	3	1	5	6
4	3	6	8	5	1	7	2	9
3	4	5	2	8	9	6	1	7
6	9	2	3	1	7	4	8	5
8	1	7	4	6	5	9	3	2

Puzzle 215

5	2	1	7	3	6	9	4	8
6	7	3	8	4	9	2	5	1
4	9	8	2	5	1	7	6	3
8	3	6	4	1	2	5	7	9
2	4	7	3	9	5	1	8	6
9	1	5	6	8	7	4	3	2
7	8	2	9	6	4	3	1	5
1	6	9	5	7	3	8	2	4
3	5	4	1	2	8	6	9	7

Puzzle 216

5	4	3	6	9	2	8	1	7
6	8	1	5	4	7	2	9	3
2	9	7	8	1	3	4	5	6
3	2	5	1	7	8	9	6	4
7	6	9	3	5	4	1	8	2
4	1	8	9	2	6	7	3	5
9	5	4	2	3	1	6	7	8
1	7	6	4	8	5	3	2	9
8	3	2	7	6	9	5	4	1

Puzzle 217

6	2	4	1	8	9	7	5	3
1	5	8	3	6	7	2	4	9
9	3	7	4	5	2	1	6	8
8	6	3	2	9	1	4	7	5
4	7	5	6	3	8	9	2	1
2	1	9	7	4	5	3	8	6
3	8	1	5	7	4	6	9	2
7	9	2	8	1	6	5	3	4
5	4	6	9	2	3	8	1	7

Puzzle 218

7	8	9	4	6	1	3	5	2
6	3	4	5	9	2	1	8	7
5	1	2	8	3	7	6	4	9
1	2	8	6	7	3	5	9	4
9	4	6	1	5	8	7	2	3
3	7	5	9	2	4	8	1	6
2	9	7	3	1	5	4	6	8
4	6	1	7	8	9	2	3	5
8	5	3	2	4	6	9	7	1

Puzzle 219

3	4	1	2	9	7	8	5	6
6	5	7	3	4	8	2	9	1
9	8	2	6	1	5	4	7	3
2	9	6	7	8	3	1	4	5
5	1	8	9	6	4	7	3	2
7	3	4	1	5	2	9	6	8
1	2	3	4	7	6	5	8	9
8	7	9	5	3	1	6	2	4
4	6	5	8	2	9	3	1	7

Puzzle 220

3	1	6	2	9	4	8	7	5
5	2	8	7	3	6	1	4	9
4	7	9	5	1	8	2	3	6
1	6	4	3	2	9	5	8	7
8	5	3	4	7	1	6	9	2
2	9	7	8	6	5	4	1	3
7	3	5	1	8	2	9	6	4
9	8	2	6	4	7	3	5	1
6	4	1	9	5	3	7	2	8

Puzzle 221

5	6	8	7	9	4	3	2	1
7	4	1	3	8	2	9	5	6
9	2	3	6	1	5	4	7	8
3	8	6	9	7	1	5	4	2
4	9	2	8	5	6	7	1	3
1	5	7	4	2	3	8	6	9
6	3	5	2	4	9	1	8	7
2	7	4	1	3	8	6	9	5
8	1	9	5	6	7	2	3	4

Puzzle 222

3	1	9	4	2	8	6	7	5
6	5	8	7	9	1	2	3	4
4	7	2	3	6	5	9	1	8
9	6	3	8	1	2	5	4	7
5	4	1	6	7	9	3	8	2
8	2	7	5	4	3	1	6	9
2	3	6	9	8	7	4	5	1
1	8	5	2	3	4	7	9	6
7	9	4	1	5	6	8	2	3

Puzzle 223

8	7	2	1	4	3	5	9	6
4	9	1	6	2	5	7	3	8
5	3	6	7	8	9	1	4	2
7	5	8	3	1	2	9	6	4
6	1	9	8	5	4	3	2	7
2	4	3	9	7	6	8	1	5
9	2	7	5	6	1	4	8	3
1	6	5	4	3	8	2	7	9
3	8	4	2	9	7	6	5	1

Puzzle 224

4	9	8	5	1	6	3	2	7
1	2	5	8	7	3	6	9	4
6	7	3	9	4	2	5	8	1
7	1	2	4	5	8	9	6	3
5	3	4	7	6	9	8	1	2
9	8	6	2	3	1	4	7	5
8	4	9	1	2	5	7	3	6
2	6	7	3	8	4	1	5	9
3	5	1	6	9	7	2	4	8

Puzzle 225

3	1	2	7	9	4	6	8	5
9	5	7	2	6	8	3	1	4
8	6	4	1	3	5	2	7	9
4	3	9	6	7	1	8	5	2
2	7	6	5	8	9	1	4	3
5	8	1	4	2	3	7	9	6
1	2	3	9	4	7	5	6	8
6	4	5	8	1	2	9	3	7
7	9	8	3	5	6	4	2	1

Puzzle 226

8	7	6	1	3	4	9	5	2
2	4	3	7	5	9	1	8	6
9	5	1	2	8	6	7	3	4
6	1	2	3	7	8	4	9	5
3	9	4	5	6	1	8	2	7
7	8	5	4	9	2	6	1	3
1	2	7	9	4	3	5	6	8
4	6	9	8	2	5	3	7	1
5	3	8	6	1	7	2	4	9

Puzzle 227

2	3	1	6	7	4	8	9	5
6	7	9	8	5	3	2	4	1
8	4	5	9	2	1	3	6	7
5	8	2	1	3	6	4	7	9
4	9	6	7	8	2	1	5	3
7	1	3	4	9	5	6	2	8
3	5	7	2	6	8	9	1	4
1	6	8	5	4	9	7	3	2
9	2	4	3	1	7	5	8	6

Puzzle 228

7	4	6	3	8	2	9	5	1
2	3	8	5	9	1	4	6	7
1	5	9	6	4	7	8	3	2
4	6	5	7	3	8	2	1	9
9	2	7	1	5	6	3	4	8
8	1	3	4	2	9	5	7	6
3	9	1	2	6	5	7	8	4
6	8	4	9	7	3	1	2	5
5	7	2	8	1	4	6	9	3

Puzzle 229

5	3	1	6	8	2	7	9	4
2	9	4	7	1	3	5	8	6
8	6	7	5	4	9	3	1	2
1	8	6	9	7	4	2	3	5
7	5	9	2	3	6	8	4	1
4	2	3	8	5	1	6	7	9
3	7	2	1	9	5	4	6	8
9	4	5	3	6	8	1	2	7
6	1	8	4	2	7	9	5	3

Puzzle 230

4	3	9	6	8	2	5	1	7
7	6	1	3	4	5	8	2	9
5	2	8	1	7	9	4	3	6
6	8	3	4	2	7	1	9	5
1	9	7	8	5	6	2	4	3
2	5	4	9	3	1	6	7	8
8	1	2	7	6	3	9	5	4
3	4	5	2	9	8	7	6	1
9	7	6	5	1	4	3	8	2

Puzzle 231

3	5	7	4	1	9	2	8	6
1	6	2	7	5	8	4	3	9
8	9	4	2	3	6	1	7	5
6	2	5	9	7	1	8	4	3
4	7	1	5	8	3	9	6	2
9	3	8	6	2	4	5	1	7
7	4	9	1	6	5	3	2	8
5	8	6	3	4	2	7	9	1
2	1	3	8	9	7	6	5	4

Puzzle 232

2	4	1	7	8	5	3	9	6
5	6	3	2	1	9	7	8	4
7	9	8	3	4	6	5	2	1
6	5	7	1	3	2	9	4	8
3	2	9	4	5	8	6	1	7
8	1	4	9	6	7	2	3	5
1	7	2	5	9	4	8	6	3
9	3	6	8	7	1	4	5	2
4	8	5	6	2	3	1	7	9

Puzzle 233

1	9	8	5	2	6	7	3	4
4	3	7	1	9	8	2	5	6
2	6	5	7	4	3	8	9	1
7	8	1	9	6	5	4	2	3
6	2	3	4	7	1	9	8	5
5	4	9	3	8	2	1	6	7
9	5	4	2	3	7	6	1	8
3	7	6	8	1	9	5	4	2
8	1	2	6	5	4	3	7	9

Puzzle 234

8	6	2	9	3	7	1	4	5
9	5	7	4	1	6	3	8	2
4	3	1	2	5	8	6	9	7
3	7	6	5	2	4	8	1	9
1	8	5	3	7	9	2	6	4
2	9	4	6	8	1	7	5	3
6	2	9	8	4	3	5	7	1
7	4	3	1	6	5	9	2	8
5	1	8	7	9	2	4	3	6

Puzzle 235

4	7	8	1	6	5	2	9	3
3	6	5	9	8	2	1	7	4
1	9	2	4	7	3	5	8	6
5	8	4	2	9	1	3	6	7
2	3	7	5	4	6	8	1	9
6	1	9	8	3	7	4	2	5
7	2	3	6	5	8	9	4	1
8	4	6	3	1	9	7	5	2
9	5	1	7	2	4	6	3	8

Puzzle 236

2	9	5	8	1	7	6	3	4
4	1	7	9	3	6	5	8	2
6	8	3	4	5	2	7	1	9
5	6	9	2	7	3	1	4	8
8	3	4	5	9	1	2	7	6
1	7	2	6	8	4	3	9	5
9	4	1	7	2	5	8	6	3
3	5	8	1	6	9	4	2	7
7	2	6	3	4	8	9	5	1

Puzzle 237

9	8	1	6	7	2	3	5	4
2	4	6	3	8	5	7	1	9
3	7	5	4	9	1	6	8	2
1	5	4	8	2	7	9	3	6
7	6	9	5	1	3	4	2	8
8	3	2	9	6	4	1	7	5
6	2	7	1	4	8	5	9	3
4	1	3	2	5	9	8	6	7
5	9	8	7	3	6	2	4	1

Puzzle 238

3	8	1	4	2	5	6	7	9
2	7	6	8	9	1	4	3	5
9	5	4	3	7	6	1	8	2
7	9	3	5	6	4	2	1	8
8	6	2	7	1	9	5	4	3
4	1	5	2	3	8	7	9	6
1	2	8	6	4	3	9	5	7
5	4	7	9	8	2	3	6	1
6	3	9	1	5	7	8	2	4

Puzzle 239

4	2	8	6	5	1	7	9	3
3	7	9	2	8	4	1	6	5
5	6	1	9	7	3	4	8	2
6	5	7	8	1	9	2	3	4
8	3	2	5	4	6	9	7	1
9	1	4	3	2	7	6	5	8
1	9	3	4	6	5	8	2	7
7	8	6	1	3	2	5	4	9
2	4	5	7	9	8	3	1	6

Puzzle 240

9	5	8	7	2	3	1	6	4
4	1	3	5	9	6	8	7	2
2	6	7	1	8	4	9	5	3
5	4	1	3	7	9	6	2	8
3	8	6	4	1	2	5	9	7
7	9	2	8	6	5	3	4	1
6	2	4	9	3	1	7	8	5
1	7	9	2	5	8	4	3	6
8	3	5	6	4	7	2	1	9

Puzzle 241

6	3	7	2	1	9	4	5	8
2	9	8	4	5	6	7	1	3
4	1	5	7	3	8	9	2	6
9	5	6	3	4	7	1	8	2
8	2	3	6	9	1	5	7	4
7	4	1	8	2	5	3	6	9
3	6	2	1	7	4	8	9	5
1	8	9	5	6	3	2	4	7
5	7	4	9	8	2	6	3	1

Puzzle 242

4	6	7	5	3	9	2	8	1
5	3	1	7	8	2	6	4	9
2	9	8	4	6	1	3	7	5
7	4	5	8	2	6	1	9	3
3	2	6	9	1	4	7	5	8
8	1	9	3	7	5	4	2	6
6	7	4	1	9	8	5	3	2
1	8	3	2	5	7	9	6	4
9	5	2	6	4	3	8	1	7

Puzzle 243

7	3	8	9	1	4	6	2	5
2	4	1	8	5	6	7	9	3
9	5	6	7	2	3	8	4	1
3	1	7	5	8	9	2	6	4
4	9	5	1	6	2	3	7	8
8	6	2	3	4	7	5	1	9
1	8	9	2	7	5	4	3	6
6	2	3	4	9	8	1	5	7
5	7	4	6	3	1	9	8	2

Puzzle 244

6	3	5	9	7	4	8	1	2
4	2	9	6	8	1	7	3	5
1	8	7	5	3	2	9	4	6
2	6	8	4	9	7	3	5	1
9	5	3	2	1	6	4	8	7
7	1	4	8	5	3	6	2	9
8	7	2	3	6	5	1	9	4
5	9	6	1	4	8	2	7	3
3	4	1	7	2	9	5	6	8

Puzzle 245

1	5	6	2	9	8	4	3	7
4	9	3	1	5	7	6	8	2
2	7	8	3	6	4	1	9	5
7	8	1	5	4	9	2	6	3
9	4	5	6	2	3	7	1	8
6	3	2	7	8	1	9	5	4
5	2	4	8	1	6	3	7	9
3	6	9	4	7	5	8	2	1
8	1	7	9	3	2	5	4	6

Puzzle 246

7	5	9	1	6	4	3	2	8
6	3	1	8	2	7	4	9	5
2	4	8	3	9	5	7	1	6
1	6	4	7	5	2	9	8	3
8	9	5	6	4	3	2	7	1
3	2	7	9	1	8	6	5	4
4	8	2	5	7	6	1	3	9
9	7	3	4	8	1	5	6	2
5	1	6	2	3	9	8	4	7

Puzzle 247

7	3	5	1	2	4	8	9	6
8	9	1	6	5	7	2	3	4
4	6	2	3	8	9	5	1	7
6	4	8	5	9	2	1	7	3
3	1	9	7	6	8	4	5	2
5	2	7	4	1	3	6	8	9
1	7	6	9	4	5	3	2	8
2	5	3	8	7	6	9	4	1
9	8	4	2	3	1	7	6	5

Puzzle 248

8	2	4	3	5	9	1	6	7
9	5	3	1	6	7	4	2	8
6	1	7	2	8	4	9	5	3
1	7	6	9	2	5	8	3	4
2	4	5	8	7	3	6	9	1
3	9	8	6	4	1	2	7	5
7	6	2	5	1	8	3	4	9
5	8	9	4	3	6	7	1	2
4	3	1	7	9	2	5	8	6

Puzzle 249

6	4	2	9	8	7	3	5	1
9	8	1	5	3	6	4	2	7
7	3	5	2	4	1	9	8	6
5	1	3	7	9	4	2	6	8
2	6	4	1	5	8	7	9	3
8	7	9	6	2	3	1	4	5
4	2	7	3	6	5	8	1	9
3	5	8	4	1	9	6	7	2
1	9	6	8	7	2	5	3	4

Puzzle 250

1	9	4	8	5	2	7	3	6
6	2	5	4	3	7	9	1	8
3	7	8	9	6	1	2	5	4
4	1	6	3	2	8	5	7	9
2	8	9	6	7	5	1	4	3
7	5	3	1	4	9	8	6	2
5	3	1	2	9	4	6	8	7
9	6	7	5	8	3	4	2	1
8	4	2	7	1	6	3	9	5

Puzzle 251

9	2	3	7	8	6	4	1	5
7	6	4	3	1	5	8	9	2
5	1	8	2	9	4	7	3	6
4	5	6	8	7	9	1	2	3
1	9	7	6	3	2	5	8	4
8	3	2	5	4	1	6	7	9
3	7	9	4	6	8	2	5	1
2	4	1	9	5	7	3	6	8
6	8	5	1	2	3	9	4	7

Puzzle 252

9	1	4	2	5	8	6	7	3
6	2	5	9	7	3	4	1	8
8	7	3	4	1	6	9	5	2
5	4	6	3	2	1	7	8	9
2	3	1	7	8	9	5	4	6
7	8	9	6	4	5	2	3	1
4	5	8	1	6	2	3	9	7
3	6	7	8	9	4	1	2	5
1	9	2	5	3	7	8	6	4

Puzzle 253

5	4	1	8	7	6	3	2	9
3	7	6	4	9	2	5	1	8
9	2	8	1	3	5	4	7	6
8	3	7	9	6	4	2	5	1
4	1	9	2	5	8	6	3	7
2	6	5	3	1	7	9	8	4
7	8	2	5	4	9	1	6	3
1	5	4	6	8	3	7	9	2
6	9	3	7	2	1	8	4	5

Puzzle 254

1	4	2	5	8	6	9	7	3
5	7	9	1	4	3	6	2	8
3	8	6	2	9	7	4	5	1
9	3	4	8	5	2	7	1	6
6	1	7	4	3	9	2	8	5
2	5	8	6	7	1	3	9	4
4	6	1	9	2	8	5	3	7
8	2	3	7	6	5	1	4	9
7	9	5	3	1	4	8	6	2

Puzzle 255

9	8	7	2	3	4	5	1	6
1	4	3	9	5	6	8	7	2
2	6	5	1	8	7	4	9	3
7	5	4	8	1	2	6	3	9
8	9	6	3	7	5	2	4	1
3	1	2	4	6	9	7	8	5
6	3	8	5	4	1	9	2	7
4	7	9	6	2	3	1	5	8
5	2	1	7	9	8	3	6	4

Puzzle 256

5	4	7	9	6	1	3	8	2
1	6	8	3	2	5	7	4	9
9	2	3	7	4	8	6	1	5
8	7	6	4	5	9	1	2	3
3	5	1	6	7	2	4	9	8
2	9	4	1	8	3	5	6	7
7	3	9	8	1	6	2	5	4
6	8	2	5	3	4	9	7	1
4	1	5	2	9	7	8	3	6

Puzzle 257

1	6	5	3	4	8	9	2	7
9	7	3	2	6	1	8	5	4
4	2	8	5	9	7	6	3	1
6	5	9	4	2	3	1	7	8
8	3	4	7	1	5	2	6	9
7	1	2	6	8	9	3	4	5
3	4	1	8	5	6	7	9	2
2	8	7	9	3	4	5	1	6
5	9	6	1	7	2	4	8	3

Puzzle 258

2	5	4	1	6	3	7	8	9
3	9	7	4	8	2	6	5	1
8	1	6	9	5	7	2	4	3
4	6	8	3	1	9	5	7	2
5	3	1	7	2	6	8	9	4
9	7	2	8	4	5	3	1	6
1	4	3	2	7	8	9	6	5
6	8	9	5	3	1	4	2	7
7	2	5	6	9	4	1	3	8

Puzzle 259

6	3	8	2	4	1	9	5	7
4	1	2	7	9	5	6	3	8
9	7	5	6	8	3	4	1	2
7	5	9	1	2	8	3	6	4
1	6	3	4	5	7	2	8	9
2	8	4	3	6	9	1	7	5
3	4	1	8	7	2	5	9	6
5	2	7	9	3	6	8	4	1
8	9	6	5	1	4	7	2	3

Puzzle 260

8	3	7	9	5	4	2	1	6
1	5	4	8	2	6	7	3	9
2	6	9	3	1	7	8	5	4
6	2	1	5	4	3	9	8	7
9	8	3	1	7	2	6	4	5
4	7	5	6	8	9	3	2	1
5	9	8	2	6	1	4	7	3
3	4	2	7	9	5	1	6	8
7	1	6	4	3	8	5	9	2

Puzzle 261

7	2	3	8	4	1	9	5	6
6	9	8	2	5	7	3	4	1
1	4	5	3	9	6	2	8	7
8	1	6	7	2	4	5	3	9
3	7	9	1	8	5	6	2	4
4	5	2	6	3	9	1	7	8
5	6	4	9	7	3	8	1	2
9	8	7	5	1	2	4	6	3
2	3	1	4	6	8	7	9	5

Puzzle 262

1	4	7	3	5	8	6	9	2
9	3	8	1	2	6	4	5	7
5	2	6	4	7	9	3	8	1
4	8	2	9	6	7	1	3	5
7	5	1	8	3	4	9	2	6
6	9	3	5	1	2	8	7	4
2	7	9	6	8	1	5	4	3
3	1	4	2	9	5	7	6	8
8	6	5	7	4	3	2	1	9

Puzzle 263

9	3	8	6	1	7	4	2	5
2	6	4	9	5	3	7	8	1
7	5	1	8	2	4	3	9	6
5	1	3	2	6	9	8	4	7
8	2	9	7	4	5	1	6	3
6	4	7	1	3	8	2	5	9
3	8	6	5	7	2	9	1	4
4	9	5	3	8	1	6	7	2
1	7	2	4	9	6	5	3	8

Puzzle 264

8	6	1	7	9	3	4	2	5
4	9	3	2	8	5	6	1	7
5	2	7	4	1	6	8	9	3
2	7	4	3	5	8	1	6	9
1	8	5	9	6	4	7	3	2
9	3	6	1	2	7	5	8	4
7	5	9	8	3	1	2	4	6
6	1	2	5	4	9	3	7	8
3	4	8	6	7	2	9	5	1

Puzzle 265

7	3	4	2	8	1	9	6	5
2	6	5	9	3	4	8	1	7
9	8	1	5	6	7	3	2	4
6	9	2	1	5	3	4	7	8
1	4	3	7	2	8	5	9	6
5	7	8	4	9	6	1	3	2
3	1	6	8	7	5	2	4	9
4	5	9	6	1	2	7	8	3
8	2	7	3	4	9	6	5	1

Puzzle 266

4	8	7	1	6	9	3	2	5
1	2	6	5	8	3	7	4	9
9	3	5	2	7	4	8	6	1
6	1	8	9	4	7	5	3	2
3	5	2	6	1	8	9	7	4
7	4	9	3	2	5	6	1	8
5	7	1	8	3	2	4	9	6
8	6	4	7	9	1	2	5	3
2	9	3	4	5	6	1	8	7

Puzzle 267

9	1	7	5	4	3	2	6	8
4	3	5	6	2	8	1	9	7
2	6	8	9	1	7	5	4	3
1	2	4	8	5	6	3	7	9
3	8	6	1	7	9	4	5	2
7	5	9	4	3	2	6	8	1
6	4	2	7	8	1	9	3	5
8	9	1	3	6	5	7	2	4
5	7	3	2	9	4	8	1	6

Puzzle 268

4	1	8	3	2	9	7	6	5
2	7	5	8	1	6	3	4	9
6	3	9	7	4	5	8	2	1
5	8	6	9	7	1	2	3	4
9	4	1	6	3	2	5	8	7
7	2	3	4	5	8	1	9	6
3	6	2	5	9	7	4	1	8
1	9	7	2	8	4	6	5	3
8	5	4	1	6	3	9	7	2

Puzzle 269

8	2	6	9	7	4	1	3	5
1	5	4	2	8	3	6	7	9
3	7	9	5	6	1	4	2	8
6	1	5	4	3	2	8	9	7
2	9	7	1	5	8	3	6	4
4	3	8	7	9	6	2	5	1
5	6	3	8	1	9	7	4	2
7	8	2	3	4	5	9	1	6
9	4	1	6	2	7	5	8	3

Puzzle 270

1	9	5	7	3	8	4	6	2
4	8	7	9	2	6	1	5	3
6	2	3	1	4	5	7	8	9
9	3	6	2	5	7	8	1	4
5	4	1	3	8	9	2	7	6
2	7	8	6	1	4	9	3	5
7	1	4	5	6	2	3	9	8
3	5	2	8	9	1	6	4	7
8	6	9	4	7	3	5	2	1

Puzzle 271

3	1	4	5	7	6	8	9	2
2	9	8	1	4	3	7	5	6
6	5	7	2	9	8	3	1	4
5	8	1	6	3	2	9	4	7
7	2	9	8	5	4	1	6	3
4	6	3	9	1	7	5	2	8
9	3	2	4	8	1	6	7	5
1	7	6	3	2	5	4	8	9
8	4	5	7	6	9	2	3	1

Puzzle 272

7	4	6	1	3	2	9	5	8
1	8	2	5	6	9	4	7	3
3	9	5	8	7	4	2	6	1
6	1	8	3	4	7	5	9	2
4	2	9	6	5	8	3	1	7
5	7	3	9	2	1	8	4	6
8	6	1	2	9	5	7	3	4
9	3	4	7	8	6	1	2	5
2	5	7	4	1	3	6	8	9

Puzzle 273

5	9	6	1	3	4	8	2	7
7	3	4	6	8	2	9	5	1
8	2	1	5	7	9	3	4	6
1	6	7	9	5	3	2	8	4
2	8	9	7	4	1	5	6	3
4	5	3	2	6	8	7	1	9
9	1	5	4	2	7	6	3	8
6	4	8	3	9	5	1	7	2
3	7	2	8	1	6	4	9	5

Puzzle 274

1	4	9	2	6	5	3	8	7
6	7	5	8	9	3	1	4	2
8	2	3	1	7	4	5	6	9
4	8	1	6	5	2	9	7	3
3	5	7	4	1	9	8	2	6
2	9	6	7	3	8	4	1	5
9	6	4	5	8	7	2	3	1
7	3	8	9	2	1	6	5	4
5	1	2	3	4	6	7	9	8

Puzzle 275

2	9	4	6	1	8	3	5	7
5	1	7	4	9	3	2	6	8
3	8	6	5	2	7	9	1	4
4	7	8	9	5	1	6	3	2
6	3	5	2	8	4	1	7	9
1	2	9	7	3	6	8	4	5
7	5	3	8	6	9	4	2	1
8	4	1	3	7	2	5	9	6
9	6	2	1	4	5	7	8	3

Puzzle 276

3	8	1	9	2	6	7	4	5
6	4	7	8	1	5	3	9	2
2	5	9	7	4	3	8	1	6
9	2	3	1	6	8	4	5	7
8	1	6	5	7	4	9	2	3
5	7	4	3	9	2	6	8	1
4	3	8	6	5	1	2	7	9
7	6	5	2	8	9	1	3	4
1	9	2	4	3	7	5	6	8

Puzzle 277

7	3	4	9	6	8	2	1	5
5	6	9	4	1	2	3	8	7
8	1	2	5	3	7	4	9	6
3	4	6	2	9	1	7	5	8
9	7	8	3	5	4	1	6	2
2	5	1	8	7	6	9	3	4
4	9	7	6	8	3	5	2	1
1	8	5	7	2	9	6	4	3
6	2	3	1	4	5	8	7	9

Puzzle 278

2	9	1	7	3	5	6	8	4
6	8	5	9	1	4	3	2	7
3	7	4	8	6	2	5	1	9
1	4	3	6	7	9	2	5	8
5	2	9	3	4	8	1	7	6
8	6	7	2	5	1	9	4	3
9	3	2	5	8	7	4	6	1
7	1	6	4	2	3	8	9	5
4	5	8	1	9	6	7	3	2

Puzzle 279

2	1	9	3	6	7	4	5	8
4	3	8	9	2	5	6	7	1
7	6	5	8	4	1	2	3	9
1	2	6	5	9	8	3	4	7
8	7	4	1	3	6	5	9	2
9	5	3	4	7	2	8	1	6
6	9	7	2	5	3	1	8	4
3	8	2	7	1	4	9	6	5
5	4	1	6	8	9	7	2	3

Puzzle 280

9	5	1	6	3	2	7	8	4
4	8	2	9	5	7	1	3	6
6	7	3	8	1	4	5	2	9
5	6	9	2	8	3	4	7	1
8	3	7	4	6	1	9	5	2
2	1	4	5	7	9	8	6	3
7	9	6	1	2	8	3	4	5
3	4	5	7	9	6	2	1	8
1	2	8	3	4	5	6	9	7

Puzzle 281

5	8	4	9	3	7	6	1	2
1	9	6	5	4	2	3	8	7
3	2	7	1	8	6	5	4	9
2	4	3	8	7	1	9	6	5
6	7	1	2	5	9	8	3	4
8	5	9	3	6	4	7	2	1
7	1	8	4	9	3	2	5	6
9	3	2	6	1	5	4	7	8
4	6	5	7	2	8	1	9	3

Puzzle 282

8	6	3	2	9	1	4	7	5
4	7	1	5	3	6	2	9	8
5	2	9	4	8	7	3	1	6
7	8	5	6	4	9	1	3	2
6	1	2	3	7	5	9	8	4
3	9	4	8	1	2	6	5	7
9	5	8	1	6	4	7	2	3
1	3	6	7	2	8	5	4	9
2	4	7	9	5	3	8	6	1

Puzzle 283

9	4	5	2	7	8	3	6	1
6	7	3	4	1	5	9	8	2
2	8	1	6	9	3	4	7	5
1	6	2	5	4	9	7	3	8
5	3	4	7	8	2	1	9	6
8	9	7	1	3	6	5	2	4
4	5	8	9	2	7	6	1	3
7	2	6	3	5	1	8	4	9
3	1	9	8	6	4	2	5	7

Puzzle 284

2	7	1	8	4	5	9	6	3
8	3	4	6	9	2	5	7	1
9	6	5	3	1	7	4	2	8
6	9	8	7	3	1	2	4	5
4	5	2	9	8	6	1	3	7
7	1	3	5	2	4	8	9	6
3	2	6	1	5	9	7	8	4
1	8	9	4	7	3	6	5	2
5	4	7	2	6	8	3	1	9

Puzzle 285

8	5	1	4	3	2	6	7	9
9	7	2	8	6	1	5	4	3
4	3	6	7	9	5	1	8	2
1	9	5	3	4	6	8	2	7
3	4	8	2	5	7	9	1	6
2	6	7	1	8	9	3	5	4
7	1	3	6	2	8	4	9	5
5	8	4	9	7	3	2	6	1
6	2	9	5	1	4	7	3	8

Puzzle 286

5	8	4	7	3	6	1	9	2
2	9	7	1	5	8	4	6	3
6	3	1	2	4	9	8	5	7
9	4	3	8	2	7	6	1	5
8	1	5	4	6	3	2	7	9
7	2	6	5	9	1	3	8	4
4	6	9	3	8	5	7	2	1
3	7	8	9	1	2	5	4	6
1	5	2	6	7	4	9	3	8

Puzzle 287

5	8	2	1	9	4	3	7	6
9	7	3	2	5	6	4	8	1
4	6	1	3	8	7	5	2	9
3	5	6	9	1	8	7	4	2
2	4	8	7	6	5	1	9	3
7	1	9	4	2	3	8	6	5
1	9	4	8	3	2	6	5	7
6	3	7	5	4	9	2	1	8
8	2	5	6	7	1	9	3	4

Puzzle 288

9	2	7	3	5	8	4	1	6
3	8	1	6	2	4	7	9	5
6	4	5	9	7	1	8	3	2
7	3	4	8	1	2	5	6	9
1	6	9	4	3	5	2	8	7
8	5	2	7	6	9	3	4	1
5	9	6	2	8	3	1	7	4
2	7	8	1	4	6	9	5	3
4	1	3	5	9	7	6	2	8

Puzzle 289

3	6	5	1	7	9	8	4	2
1	9	2	3	4	8	6	5	7
8	7	4	5	2	6	3	9	1
6	2	9	4	5	1	7	8	3
5	3	1	9	8	7	4	2	6
7	4	8	2	6	3	9	1	5
4	5	6	8	3	2	1	7	9
2	1	3	7	9	4	5	6	8
9	8	7	6	1	5	2	3	4

Puzzle 290

3	9	1	2	6	8	4	7	5
6	2	5	3	4	7	8	9	1
4	8	7	9	5	1	3	6	2
5	6	2	8	7	3	1	4	9
7	1	9	6	2	4	5	3	8
8	4	3	1	9	5	7	2	6
9	5	4	7	1	2	6	8	3
1	3	6	4	8	9	2	5	7
2	7	8	5	3	6	9	1	4

Puzzle 291

9	5	2	1	4	6	3	7	8
4	7	8	3	5	2	6	9	1
1	3	6	8	7	9	4	5	2
5	2	9	7	8	3	1	4	6
7	1	4	2	6	5	8	3	9
6	8	3	4	9	1	5	2	7
3	6	1	5	2	7	9	8	4
8	9	7	6	3	4	2	1	5
2	4	5	9	1	8	7	6	3

Puzzle 292

2	1	4	7	3	6	9	8	5
3	9	5	2	1	8	7	6	4
7	8	6	4	9	5	1	2	3
4	7	1	5	2	3	6	9	8
5	2	3	8	6	9	4	7	1
9	6	8	1	4	7	5	3	2
8	3	7	6	5	1	2	4	9
1	4	9	3	7	2	8	5	6
6	5	2	9	8	4	3	1	7

Puzzle 293

5	9	7	4	1	2	3	6	8
1	3	4	6	5	8	9	2	7
6	2	8	3	7	9	1	5	4
7	4	5	2	8	1	6	3	9
8	1	9	7	6	3	5	4	2
2	6	3	5	9	4	8	7	1
9	7	6	1	2	5	4	8	3
4	8	2	9	3	6	7	1	5
3	5	1	8	4	7	2	9	6

Puzzle 294

5	1	8	3	6	4	2	7	9
4	6	7	5	9	2	3	8	1
9	2	3	1	8	7	5	6	4
7	9	6	4	3	1	8	2	5
3	8	5	2	7	9	1	4	6
2	4	1	8	5	6	7	9	3
8	3	2	9	4	5	6	1	7
1	7	9	6	2	3	4	5	8
6	5	4	7	1	8	9	3	2

Puzzle 295

2	7	4	1	8	6	3	5	9
1	3	9	4	7	5	8	6	2
5	6	8	2	3	9	1	7	4
8	1	2	6	5	3	4	9	7
3	9	7	8	4	2	5	1	6
6	4	5	9	1	7	2	3	8
4	8	6	3	9	1	7	2	5
7	2	1	5	6	4	9	8	3
9	5	3	7	2	8	6	4	1

Puzzle 296

7	6	3	5	4	9	1	2	8
8	9	1	7	2	6	5	3	4
5	4	2	8	3	1	6	7	9
9	1	8	6	7	4	3	5	2
6	3	4	1	5	2	8	9	7
2	5	7	3	9	8	4	1	6
1	8	9	2	6	5	7	4	3
4	7	5	9	8	3	2	6	1
3	2	6	4	1	7	9	8	5

Puzzle 297

8	3	9	1	6	7	4	5	2
7	1	4	2	9	5	8	3	6
6	2	5	8	3	4	7	9	1
9	4	6	7	1	3	5	2	8
5	8	3	9	2	6	1	7	4
2	7	1	4	5	8	3	6	9
3	5	8	6	4	2	9	1	7
4	9	2	3	7	1	6	8	5
1	6	7	5	8	9	2	4	3

Puzzle 298

6	5	4	1	7	3	2	8	9
1	7	9	8	6	2	4	5	3
2	8	3	4	9	5	1	6	7
7	9	5	3	2	4	6	1	8
8	4	2	9	1	6	3	7	5
3	1	6	5	8	7	9	4	2
9	2	8	7	4	1	5	3	6
5	6	1	2	3	8	7	9	4
4	3	7	6	5	9	8	2	1

Puzzle 299

5	3	1	8	9	7	4	6	2
4	9	2	5	6	1	3	7	8
8	7	6	2	3	4	9	5	1
1	2	5	9	4	3	7	8	6
3	8	7	6	1	2	5	9	4
6	4	9	7	5	8	2	1	3
7	6	8	3	2	5	1	4	9
9	1	3	4	7	6	8	2	5
2	5	4	1	8	9	6	3	7

Puzzle 300

3	1	9	5	6	2	7	8	4
2	4	5	9	8	7	6	1	3
7	6	8	4	3	1	2	9	5
8	7	3	6	4	9	5	2	1
4	9	6	2	1	5	3	7	8
1	5	2	3	7	8	4	6	9
5	3	7	8	9	6	1	4	2
9	2	1	7	5	4	8	3	6
6	8	4	1	2	3	9	5	7

www.ingramcontent.com/pod-product-compliance
Lightning Source LLC
Chambersburg PA
CBHW081608250726
48657CB00009B/2506